"아름다운 스마트세상 만들기"

스마트폰 마이스터 되기

스마트폰 200% 활용법

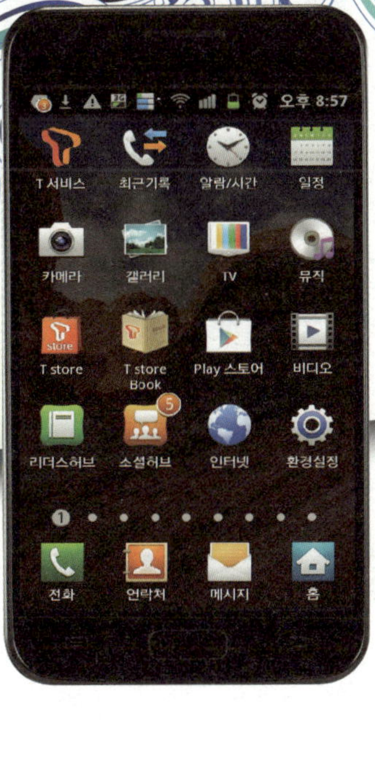

스마트폰 마이스터 되기 - 스마트폰 200% 활용법

초판 인쇄 2014년 03월 07일
초판 발행 2014년 03월 14일
저 자 안종배, 김명준, 채규국
발행인 김갑용
발행처 진한엠앤비
주 소 서울시 서대문구 독립문로 14길 66 210호(냉천동 260, 동부센트빌아파트상가동)
전 화 02) 364 - 8491(대) / 팩스 02) 319 - 3537
홈페이지주소 http://www.jinhanbook.co.kr
등록번호 제313-2010-21호 (등록일자 : 1998년 05월 25일)
ⓒ2014 jinhan M&B INC, Printed in Korea

ISBN 978-89-8432-604-0 (93550)

이 책에 담긴 내용의 무단 전재 및 복제 행위를 금합니다.
☞ 잘못 만들어진 책자는 구입처에서 교환해드립니다.

| 저 | 자 | 소 | 개 |

안종배 (安鍾培) : daniel@cleancontents.org
- 한세대학교 미디어영상학부 교수
- (사)유비쿼터스미디어콘텐츠연합 대표
- (민)클린콘텐츠국민운동본부 대표
- 한국방송학회 모바일연구회 회장
- 국제미래학회 학술위원장 (미래미디어위원장)
- 국회 스마트컨버전스연구회 운영위원장
- 한국정보통신지도자협회 회장
- 스마트미디어교육진흥원 원장

김명준 (金明俊): webpd3@naver.com
- 엠제이닷컴 대표
- 한국방송통신전파진흥원 공인 미디어교육지도사
- (민)클린콘텐츠국민운동본부 교육위원
- 클린미디어교육지도사
- 저작권관리사
- 스토리보드 작가

채규국 (蔡奎國): skydbdb@naver.com
- (주)스마트웨어 대표
- (민)클린콘텐츠국민운동본부 모바일솔루션위원장
- 폴리텍대학(1991~2000) CAD/CAM학과 교수
- 클라우드 웹하드 기반 UI/UX 모바일 플랫폼 개발
- 스마트러닝 시선추적 맞춤 동영상 플레이어 개발

머리말

어느덧 우리는 스마트폰 알람 소리에 하루를 시작하고 스마트폰과 하루종일 함께하다 스마트폰 알람과 충전을 세팅하고 하루를 마감한다. 이렇듯 우리는 깨어있는 대부분의 시간을 스마트폰과 함께하고 있다.

스마트폰은 내장되었거나 어플로 작동가능한 다양한 기능으로 인해 예전의 휴대폰에 비해 가격도 비싸다. 하지만 대부분의 스마트폰 사용자는 기존의 휴대폰과 같이 통화, 문자, 카톡 정도의 기능만 스마트폰으로 사용하고 있다. 이는 칼라TV를 사놓고도 작동법을 몰라 흑백으로 TV를 보고 있는 것과 같다.

그동안 필자는 수년간 스마트폰을 "Smart"하게 활용하는 다양한 방법을 교육해 왔다. 이러한 교육을 실시하면서 현장에서 필요한 다양한 스마트폰 활용법을 누구나 쉽게 익힐 수 있는 교재를 집필해 달라는 요청이 많았다. 이에 1년간의 집필을 통해 이번에 누구나 쉽게 익혀 스마트폰을 200% 활용할 수 있는 '스마트폰 마이스터(Meister) 되기'를 출간하게 되었다.

이 책은 ①스마트폰으로 이메일과 무료 영상 통화 및 녹음하기 등 실생활에 유용한 다양한 기능 익히는 방법, ②스마트폰으로 파노라마 사진을 포함한 다양한 효과의 사진을 찍고 의미있는 자막을 사진에 삽입하고 편집하여 멋진 사진 작품을 만드는 방법, ③스마트폰으로 동영상 촬영과 편집 및 효과를 넣어 손쉽게 영상 작품을 만드는 방법, ④스마트폰으로 페이스북과 밴드(BAND) 및 카톡과 카카오스토리 등 다양한 SNS를 효과적으로 활용하는 방법, ⑤스마트폰을 활용하여 효과적으로 홍보마케팅하는 방법, ⑥스마트 위치맞춤 서비스를 즐기는 방법, 그리고 점차 그 중요성이 높아지고 있는 ⑦스마트 모바일웹을 스스로 쉽게 만들고 수정하는 방법, ⑧스마트 모바일웹을 확산하고 활용하는 방법 등을 담고 있다.

이 책은 남녀노소 누구나 쉽게 따라하면서 익히고 마스터 할 수 있도록 저술되었고 또한 대학이나 교육원에서 스마트폰 멀티미디어 전문가 양성을 위한 교재로도 활용될 수 있도록 저술되었다.

특히 본서를 구입하시는 분들에게는 스마트 모바일웹 제작 프로그램과 함께 웹하드 공간 500M를 무료로 제공하는 파격적인 혜택이 주어진다. 이를 활용하여 비용없이 손쉽게 스마트 모바일웹을 풍성하게 만들 수 있게 된다.

이 책을 함께 집필하고 다양한 혜택을 제공해준 김명준 대표와 채규국 대표 그리고 심혈을 기울여 멋진 책을 출간해준 김갑용 사장께 감사의 말씀을 전한다.

이 책을 통해 국민 누구나 스마트폰을 더욱 효과적으로 활용하여 스마트 역량이 강화되고 대한민국이 스마트 강국이 되는데 기여할 수 있기를 바란다.

2014. 03. 07

북한산을 바라보며
대표저자 안종배 한세대 미디어영상학부 교수
클린콘텐츠국민운동본부 대표

CONTENT

Ⅰ. 손안의 작은 컴퓨터 200% 활용하기 ········· 11

1. 손안의 작은 컴퓨터 – 스마트폰 바로보기 ········· 12
1 | 스마트폰이란? ········· 12
2 | 스마트폰과 기존 휴대폰과 무엇이 다른가? ········· 12
3 | 스마트폰이 가져온 생활의 변화 ········· 12
4 | 스마트폰의 건강한 활용 ········· 13
5 | 스마트폰 건강하게 활용하기의 중요성 ········· 14

2. 스마트폰 기본 기능 200% 익히기 ········· 15
1 | 계정설정 ········· 15
2 | 스마트폰 앱 활용법 ········· 17
3 | 이메일 보내기 ········· 20
4 | 통신 모드 설정(WiFi, 3G) ········· 22
5 | 테더링 이용법 ········· 26
6 | 효율적인 요금관리 방법(도돌폰) ········· 29
7 | 스카이프 ········· 32
8 | 녹음과 재생 ········· 35
9 | 녹음파일 컴퓨터에서 재생하기 ········· 36

Ⅱ. 스마트 사진작가 되기 ········· 41
1. 스마트폰에서의 기본 사진 촬영법 ········· 42
2. 스마트폰에서의 효과 사진 촬영법 ········· 48
3. 스마트폰에서의 특수 사진 촬영법(푸딩 카메라 앱) ········· 49

Ⅲ. 스마트 사진 편집 스튜디오 만들기 ········· 59
1. 스마트폰에서의 이미지(사진) 편집하기 ········· 60
2. 사진 꾸미기 앱 다루기(PicSay) ········· 64
3. 스마트폰에서의 화면 캡쳐 ········· 71
3. 나만의 개성있는 사진 액자 만들기(PhotoWonder앱) ········· 72

Ⅳ. 스마트 영상 PD 되기 ······································· 83
1. 스마트폰에서의 동영상 촬영법 ······························ 84
2. 스마트폰에서의 동영상 편집하기 ···························· 87
3. 스마트폰에서 동영상 효과 넣고 제작하기 ···················· 93
  3.1 나만의 스마트 편집 스튜디오 -안드로이드 스튜디오(Android Studio)앱 ·········· 93
  3.2 나만의 스마트 편집 스튜디오 -Splice앱 ···················· 112
4. 스마트폰에서 스토리보더앱을 활용한 스토리보드 만들기 ······ 117

Ⅴ. 스마트 생방송 전문가 되기 ································ 121
1. 유스트림(www.ustream.tv)을 이용한 생방송하기 ············ 122
2. 스마트폰 악세사리 활용법 ································· 129
3. 방송컷 촬영법: 슬레이트 앱 다루기(Digital Slate 앱) ········· 130

Ⅵ. 스마트 SNS 전문가 되기 ·································· 133
1. 트위터 200% 스마트 활용법 ······························ 134
2. 페이스북 200% 스마트 활용법 ···························· 138
3. 라인(Line) 200% 스마트 활용법 ··························· 142
4. 플리커 200% 스마트 활용법 ······························ 146
5. 유튜브 200% 스마트 활용법 ······························ 151
6. 카카오톡 200% 스마트 활용법 ···························· 155
7. 카카오스토리 200% 스마트 활용법 ························ 160
8. 밴드 200% 스마트 활용법 ································ 164

Ⅶ. 스마트 QR 홍보마케팅 전문가 되기 ······················ 169
1. QR코드 앱 다운받기 ····································· 170
2. 코드 앱을 활용한 바코드와 QR코드 인식하기 ················ 171
3. QR코드 생성하여 홍보마케팅 하기 ························· 173
4. QR코드로 홍보 마케팅 사례 ······························ 177
5. QR Droid 앱을 활용하여 QR코드 만들고 홍보하기 ············ 178

VIII. 스마트 위치맞춤 서비스 즐기기 · 189

   1. 다음지도 · 190

   2. 네이버지도 · 194

   3. 하철이 · 199

   4. 전국버스노선 · 201

   5. 숲에on 등산로 안내 · 203

   6. 전국맛집TOP1000 · 207

IX. 스마트 모바일웹 무료로 직접 만들고 활용하기 · · · · · · · · · · · · · · · · 211

   1. 스마트 모바일 웹 기초 · 212

      1 | 모바일웹이란? · 212

      2 | 모바일웹의 중요성 · 212

      3 | 모바일웹의 특징 · 212

      4 | 모바일웹 구현기술 이해하기 · 213

      5 | 모바일웹의 구축 방법 · 213

      6 | 모바일웹 사이트 제작 시 유의사항 · · · · · · · · · · · · · · · · · · 214

   2. 스마트 모바일 웹 만들기 · 215

    2.1 바다유(badaU) 모바일웹 · 215

    2.2 바다유(badaU) 앱 · 219

    2.3 바다유(badaU) 하이브리드 앱 · 220

    2.4 스마트 모바일 웹 만들기 · 222

      1 | 기본 사이트맵 만들기 · 222

      2 | 헤더 폴더 '스타일' 설정하기 · 222

      3 | 메뉴 폴더 '스타일' 설정하기 · 223

      4 | 배너 폴더 '스타일' 설정하기 · 223

      5 | 파일 올리기 · 224

   3. 스마트 모바일웹 '바다유' QR편집기에서 편집하기 · · · · 225

      1 | 이미지, PDF문서 열기 · 225

      2 | QR코드 삽입 및 설정하기 · 227

3 | 이미지 잘라내기/오려내기 ·································· 228
4 | 파일간 다중연결 설정하기 ································ 229
5 | QR코드 문서의 후작업하기 ································ 229

4. 스마트 모바일 웹 확산하기 ································ 230
1 | 통합마케팅을 이용한 모바일웹 확산 ·················· 230
2 | 온라인 언론과 파워블로거를 이용한 모바일웹 확산 ······ 230
3 | 접속이벤트를 이용한 모바일웹 확산 ·················· 230
4 | QR코드를 이용한 모바일웹 확산 ······················ 230
5 | 모바일 검색엔진을 이용한 모바일웹 확산 ············· 230
6 | 웹사이트를 이용한 모바일웹 확산 ···················· 231
7 | 소셜미디어를 이용한 모바일웹 확산 ·················· 231
8 | 이메일 마케팅을 이용한 모바일웹 확산 ················ 231

5. 스마트 모바일 웹 고급 활용 ································ 232
5.1 클라우드 프리젠테이션 활용하기 ······················· 232
  1 | 바다유(badaU) 플레이어 설치하기 ·················· 232
  2 | 바다유 앱을 이용한 클라우드 프리젠테이션 활용하기 ······ 233
5.2 스마트 모바일 웹 고급 활용하기 ························ 233
  1 | HTML로 텍스트 문서 스타일 설정하기 ················ 233
  2 | 모바일 서비스 On/Off 설정하기 ····················· 234
  3 | 모바일 웹페이지 잠금 설정하기 ···················· 235
  4 | 관리자 권한 메뉴 ································ 235

참고. 용어 해설 ·· 236
참고문헌 ·· 237

Ⅰ. 손안의 작은 컴퓨터 200% 활용하기

1. 손안의 작은 컴퓨터-스마트폰 바로보기

2. 스마트폰 기본 기능 200% 익히기

1. 손안의 작은 컴퓨터 – 스마트폰 바로보기

1 | 스마트폰이란?

똑똑한 전화로 불리고 있는 스마트폰(smartphone)은 PC와 같은 기능과 더불어 고급 기능을 제공하는 휴대 전화이다. 먼저 스마트폰은 응용 프로그램 개발자를 위한 표준화된 인터페이스와 플랫폼을 제공하는 완전한 운영 체제 소프트웨어를 실행하는 전화이다. 스마트폰은 전화 기능에 소형 컴퓨터와 무선 인터넷이 가능한 기기라 할 수 있다. 스마트폰은 3G통신, 4G통신, WiFi 등을 이용하여 인터넷에 직접 접속할 수 있고 사용자가 원하는 애플리케이션을 직접 제작하거나 다양한 애플리케이션을 통하여 자신에게 알맞은 인터페이스를 구현할 수 있다.

2 | 스마트폰과 기존 휴대폰과 무엇이 다른가?

일반 휴대폰(Feture Phone)	스마트폰(smartphone)
• 보이스 중심 서비스 • WIPI기반 호스트만 접속 • 카메라, MP3 및 멀티미디어 기능 • SMS/MMS 위주 • 3rd-party 어플리케이션 설치 불가	• 윈도우즈모바일, 심비안, 리눅스 등 범용 OS • 멀티태스킹/데이터 중심 서비스 • 외부 SD/CF 장치 내장 • Wi-Fi, Bluetooth 지원 • 풀 브라우징 서비스 • 3rd-party 어플리케이션 설치/사용 가능 • 서비스 오퍼레이터 인증 필요

스마트폰이 기존 휴대폰과 다른 점은 먼저 인터넷의 사용이 자유롭다는 것이고 이에 따라 이메일 확인이나 웹사이트 검색을 활용할 수 있다. 또한 모바일 기기의 부분집합인 스마프폰은 음성전화 외에 써드파티 애플리케이션을 동작할 수 있도록 하는 고차원적 운영체제를 특징으로 한다. 고차원적 운영체제란 안드로이드, 블랙베리, 리눅스, 맥 OS X, 팜, 심비안 및 윈도우 모바일을 포함한다. 스마트폰이 기존 휴대폰과 차이점으로 두드러진 것이 수십만 종류에 달하는 어플을 선택하여 사용할 수 있다.

3 | 스마트폰이 가져온 생활의 변화

스마트폰이 가져온 변화는 인터넷으로 원하는 정보를 언제 어디서나 검색할 수 있고, 다양한 어플리케이션 활용으로 생활이 편리해졌다. 아침에 일어나 출근하려고 버스 정류장에서나 지하철역에서 무작정 기다리던 것이 기존 핸드폰 사용자들이라면 스마트폰사용자는 버스나 지하철 도착을 알려주는 어플을 이용해서 몇 분 후면 버스가 도착하고 목적지에 도착하기 까지 중간에 어떤 교통수단으로 갈아타고 가야하는지 그리고 소요시간은 얼마나 걸리는 지 알려주어서 편리하다. 출근시간 중에 그동안 수강하지 못했던 인터넷강의도 스마트폰을 통해 들을 수 있고 MP3플레이어나 PMP가 없어도 원하는 음악이나 영화를 들을 수 있고 볼 수 있다. 퇴근 후에는 저녁회식을 위해 자신이 있는 근처의 맛집을 검색하여 찾아가는 편리함도 누릴 수 있다. 잠시 기다리는 시간이 있다면 스마트폰에서 무료 게임 어플을 다운받아 무료한 시간을 달랠 수 있다. 한동안 만나지 못한 친구들에게도 스마트폰으로 페이스북이나 트위터, 카카오톡 등을 이용하여 자신의 소식을 전할 수 있다.

4 | 스마트폰의 건강한 활용

스마트폰도 하나의 매체로서 지나치게 사용하면 정신건강에 좋지 않을 수 있기 때문에 스마트폰에 빠져들기보다는 적절히 절제하여 바람직한 방향으로 사용하는 지혜가 필요하다. 유아나 유치원 연령에 있는 자녀들에게는 스마트폰을 가지고 놀도록 방치해서는 안된다. 청소년기의 학생들에게는 재미도 있고 도움이 되는 유용한 앱을 한정적으로 활용하도록 하는 것이 좋다. 스마트폰은 학습의 맥을 끊어 주위를 산만하게 하고 게임을 하고 싶은 욕구를 자꾸 불러일으키기 때문에 필요할 때에만 손에 지녀 사용한다. 요즘에 우스갯소리로 옆 친구와도 얘기를 하지 않고 카톡을 통해 문자를 한다고 한다. 주위의 친구들과 눈으로 마주보며 대화하는 습관을 가지는 것이 바람직하다. 스마트폰은 가지고 있는 것 자체가 자랑거리가 아니므로 모델이 바뀔 때마다 새로운 스마트폰으로 교체하는 것은 과소비라 할 수 있다.

■ [스마트폰 중독증세 자가진단]

질문	예	아니오
1. 화장실에 갈 때 스마트폰을 사용한다.		
2. 주머니에 스마트폰이 없으면 패닉상태에 빠진다.		
3. 스마트폰 사용자끼리 만났을 때 스마트폰 이야기만 한다.		
4. 스마트폰이 고장나면 친구를 잃은 것 같은 느낌이 든다.		
5. 충전한 배터리가 하루동안 지속되기 힘들다.		
6. 스마트폰 요금을 부담하기 위해 생활비를 줄인다.		
7. 내 스마트폰에 관한 것을 스마트폰을 통해 알아본다.		
8. 하루의 모든 일정이 스마트폰 안에 저장돼 있다.		
9. 스마트폰 앱이 30개 가량 설치돼 있고, 그것을 모두 사용한다.		
10. 스마트폰의 악세사리 구입에 스마트폰 가격보다 더 많은 돈을 쓴다.		

※ 해당되는 내용에 동그라미(O)함. ('예' 에 동그라미 개수가 0~3개: 정상, 4~7개: 중독초기, 8~10개: 완전중독)

5 | 스마트폰 건강하게 활용하기의 중요성

과도한 스마트폰 사용으로 알려진 문제점을 보면 지적 능력저하, 게임 중독에 따른 폭력성 유발, 장시간 사용으로 인한 신체 및 정신질환 유발, SNS 사용으로 인한 일상대화 어려움, 사생활 침해 등이 있다. 청소년에게 있어서는 스마트폰이 게임중독이나 인터넷 중독에 더 빠져들게 하는 역할을 한다. 청소년기에 스마트폰에 몰입하면 언어지능이 나빠지고 학습능력이 떨어질 수 있다. 스마트폰에 중독된 유아의 경우는 스마트폰이 없으면 밥도 안먹는 정도라고 한다. 그리고 스마트폰에 중독되면 또래의 경우보다 말이 늦은 아이들도 있다. 스마트폰에 빠져 있는 아이의 뇌 상태를 살펴보면 뇌 활동이 적어 오른쪽 뇌부분이 푸른색을 띄고 있어 정상적인 아이보다 우측 전두엽 활동이 떨어진다. 이러한 모습은 주의력결핍현상이 나타난 아이들에게 나타나는 현상과 동일하다.

2. 스마트폰 기본 기능 200% 익히기

1 | 계정설정

스마트폰 처음 사용자의 경우에는 계정을 먼저 만들어 주어야 한다. 안드로이드 스마트폰의 경우는 구글 계정 만들기를 해야 한다. 왜냐하면 안드로이드 운영체제를 이용하기 위해서는 기본적으로 구글계정이 있어야 하기 때문이다. 구글 계정을 만들면 주소록과 일정관리 캘린더, 메일을 연동할 수 있다. 안드로이드의 마켓인 Play 스토어도 구글계정이 있어야 사용할 수 있다.

계정을 만들기 위해서 메뉴버튼에서 환경설정을 누른다. 환경설정 화면에서 중간 정도 내려가면 '계정 및 동기화'가 있다. '계정 및 동기화' 버튼을 누른다. 그런 후 '일반동기화 설정'에서 계정추가 버튼을 누른다. Google을 누르고 계정 생성을 시작한다. 구글 계정에 대한 내용을 확인하고 다음을 누른다.

  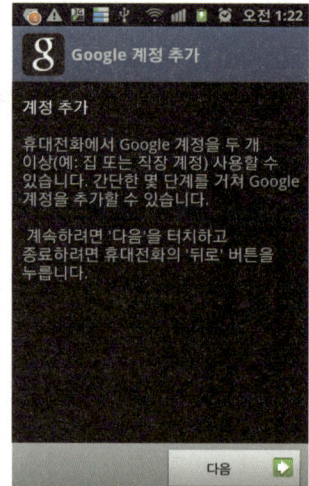

구글 계정이 없는 경우 계정 만들기를 누른다. 이름과 아이디를 입력하고 다음을 누른다. '휴대전화에서 Google서버와 통신하고 계정을 설정해야 합니다. 최대 5분 정도 걸릴 수 있습니다.'라는 메시지가 스마트폰 창에 보여진다. 이후 비밀번호를 8자 이상 입력하고 다음을 누른다.

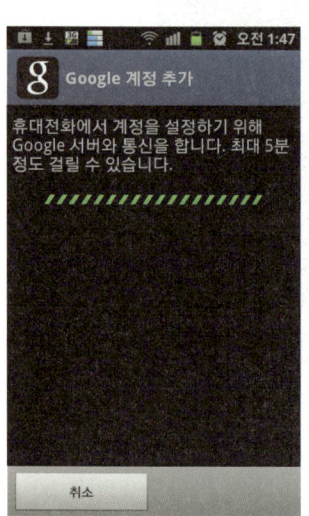 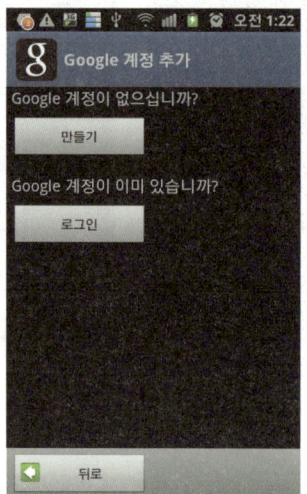 

비밀번호를 분실한 경우에 대비하여 비밀번호를 복구하는 데 도움이 되는 질문과 대답이 있는데 보안질문은 여러 가지 내용 중에 선택을 하면 된다. 대답은 자신이 입력하면 된다. 그리고 구글메일 외에 보조 이메일을 입력한다.

 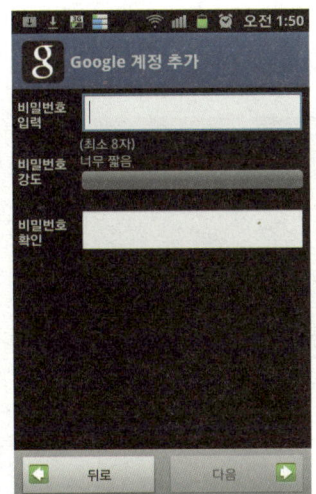 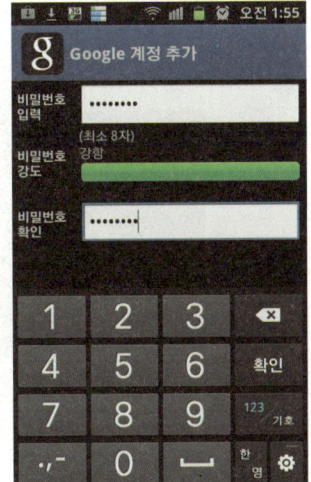

보조 이메일은 구글 계정 비밀번호를 잊어 버렸을 때 연락을 받게 되는 이메일 주소라고 이해하면 된다. 아래의 계정만들기 버튼을 누르면 구글 이용약관이 나온다. 이용약관을 확인한 다음에 '동의함 다음'버튼을 누른다. 그림형태의 보안문자가 나타나면 그대로 입력하고 '다음'버튼을 누른다. 구글 서버와 통신이 한 다음 계정생성이 완료된다. 생성된 계정은 '계정관리'부분에 나타난다.

이미 계정이 만들어진 경우에는 계정관리 부분에 지메일 계정이 리스트되어 있다. 페이스북이나 트위터, 스카이프 계정을 등록한 경우에도 계정관리 부분에 리스트로 나타난다. 이전에 사용한 구글계정이 있으면 아이디와 비밀번호만 입력하면 안드로이드 스마트폰 계정등록을 완료할 수 있다. 구글 계정으로 http://www.gmail.com에서 로그인해 보는 것과 똑같은 화면으로 스마트폰에서도 구글 메일과 주소록을 연동할 수 있다.

2 | 스마트폰 앱 활용법

스마트폰이 일반 휴대폰과 근본적으로 다른 부분이 바로, 용도에 따라 응용프로그램이라 불리는 애플리케이션(application, 이하 줄여서 '앱')을 추가 설치해 활용할 수 있다는 점이다. 앱을 스마트폰으로 직접 다운로드하여 설치할 수 있는 서비스를 제공하는 곳이 앱 마켓(app market) 또는 앱 스토어(app store)다. 안드로이드 계열의 스마트폰에서 다양한 어플들을 활용하기 위해서는 먼저 안드로이드 마켓 어플인 Play 스토어(https://play.google.com/store)를 선택한다. Google Play는 어디에서든지 Android 기기나 웹을 통해 앱과 게임을 찾고 구매하고 즐길 수 있는 서비스이다.

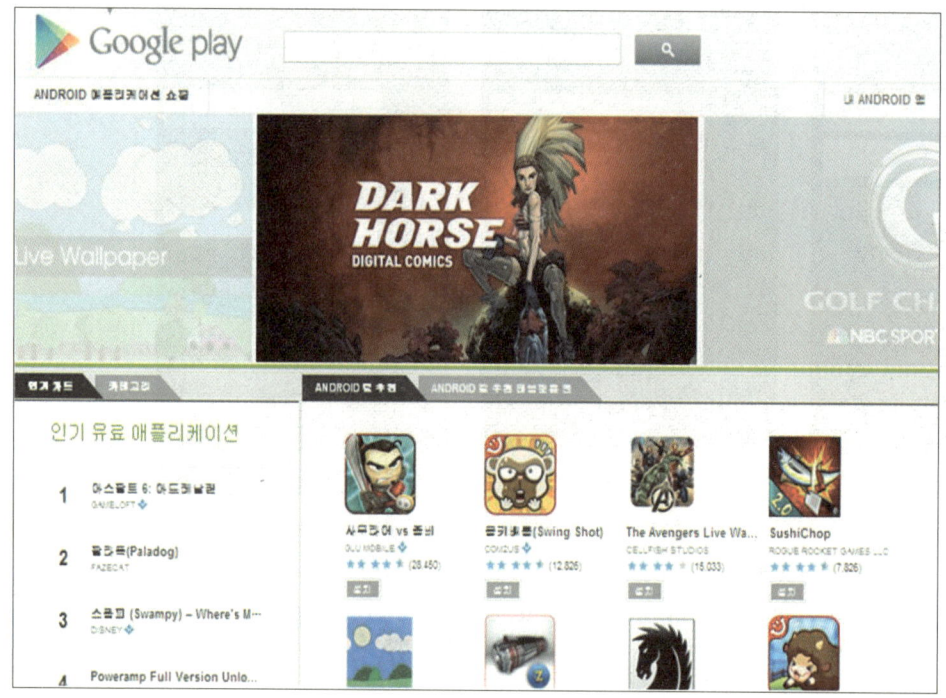

아이폰 시리즈의 스마트폰에서는 어플을 추가로 활용하기 위해서는 애플 앱스토어(http://itunes.apple.com/kr/genre/ios/id36)를 이용해야 한다. 애플사에서 운영하고 있는 아이폰 및 아이팟 터치용 응용 프로그램(애플리케이션) 다운로드 서비스로 2008년 7월 10일부터 아이튠즈의 업데이트 형태로 앱스토어 서비스를 시작했다. 개인컴퓨터에서 아이튠즈를 이용하거나 아이폰 및 아이팟 터치에서 직접 3G 네트워크·Wi-Fi 등을 통해 콘텐츠와 응용 프로그램을 직거래할 수 있는 인터넷 장터이다.

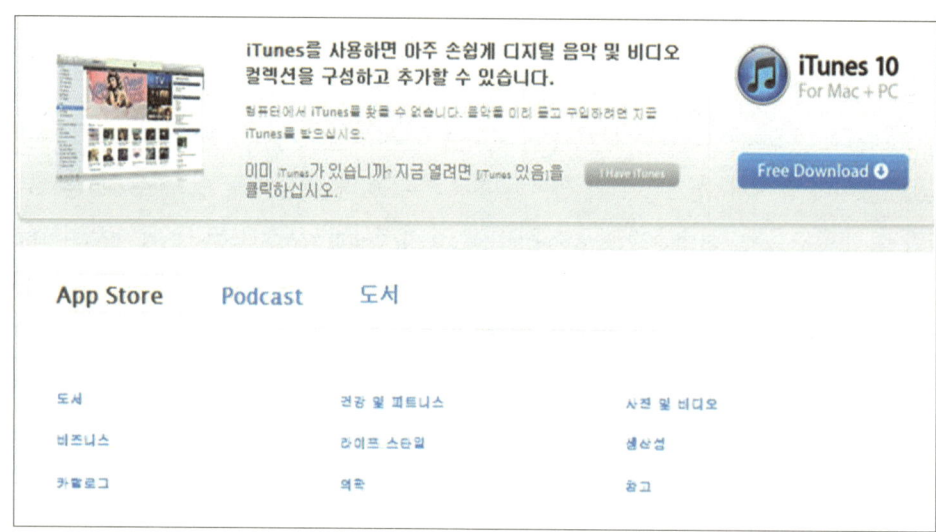

윈도폰 계열의 스마트폰에서는 어플을 추가로 활용하기 위해서는 윈도폰 마켓플레이스를 이용해야 한다. 윈도폰 마켓플레이스(http://www.windowsphone.com/ko-KR/marketplace)는 MS에서 운영하고 있는 윈도폰OS용 애플리케이션을 다운로드 할 수 있게 해주는 서비스이다.

블랙베리 계열의 스마트폰에서는 블랙베리 앱월드(http://appworld.blackberry.com/webstore/)를 이용해야 한다. 블랙베리 앱 월드는 리서치인모션에서 운영하고 있는 블랙베리OS용 애플리케이션을 다운로드 할 수 있게 해주는 서비스이다.

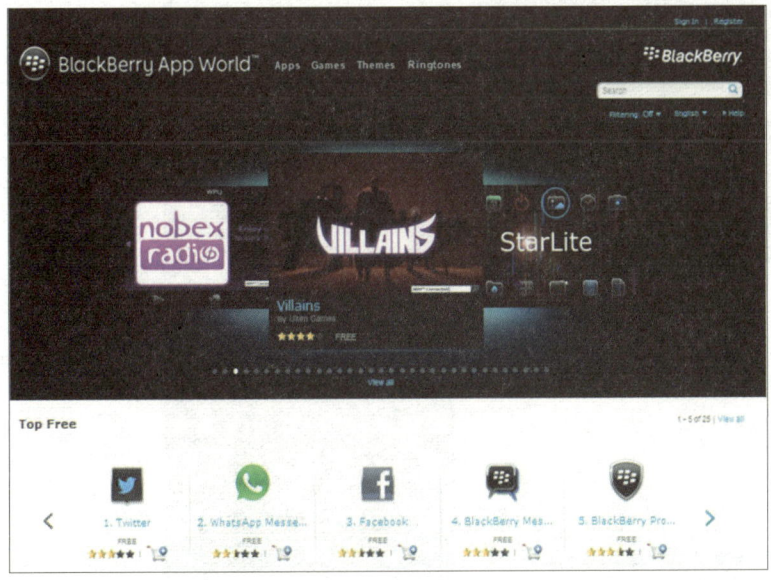

3 | 이메일 보내기

안드로이드 스마트폰에서 기본적으로 설치된 것이 이메일 어플이다. 스마트폰 내에서 이메일은 계정을 등록함으로서 여러 종류의 메일을 사용할 수 있다. 또한 알람을 설정해 새로운 메일이 온 것을 확인할 수 있다. 스마트폰에서 메일을 보낼 때에 스마트폰내의 파일을 첨부하여 메일을 보내는 것이 가능하다. 이메일 어플을 실행하여 계정이 없는 경우에는 계정을 추가하고 계정이 있는 경우에는 받은 메일함을 확인할 수 있다. 계정을 추가할 때는 이메일 주소와 비밀번호를 적는다. 이 때 기본계정으로 사용하고 싶으면 '이 계정을 기본 계정으로 하여 이메일을 전송'에 체크표시한다. 다음으로는 계정의 종류를 선택하여 준다. POP3계정, IMAP계정, Exchange계정 중에 해당하는 것을 선택한다. 대부분 POP3계정을 많이 사용한다. POP3계정을 선택하면 POP3서버, 포트 등에 대해 맞는 내용을 입력한다. 계정설정이 완료된 후 이메일 어플을 실행하여 이메일을 확인할 수 있다. 수신함을 열면 받은 이메일의 리스트들이 보인다. 수신함부분을 누르면 팝업으로 수신함을 비롯해 발신함, 내게쓴메일함 등 이메일 메뉴 리스트를 볼 수 있다.

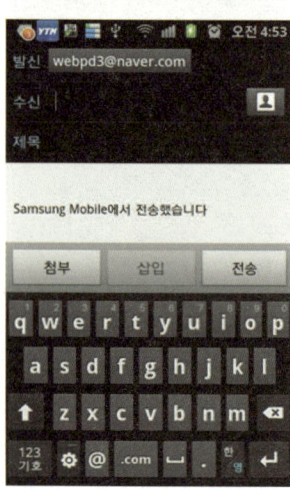
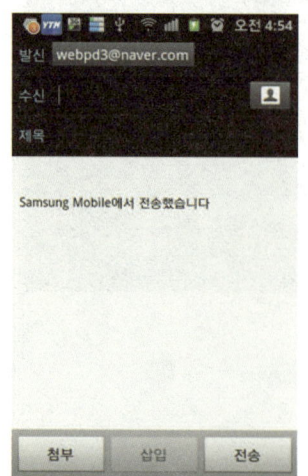

이메일을 작성하기 위해서 수신함의 수신 메일 리스트 화면에서 상단 우측에 '이메일 작성' 메뉴를 누른다. 수신인 주소 적는 화면에 수신인 주소를 적거나 주소록에서 해당 인물의 이메일 주소를 가져온다. 수신인 주소를 적은 다음에는 이메일의 제목과 내용을 적는다.

그리고 삽입버튼을 눌러서 사진이나 연락처, 지도상의 위치, 일정, 메모 등을 본문에 삽입할 수 있다. 첨부를 원하면 내파일에서나 갤러리의 사진, 동영상, 사운드 혹은 음성녹음 등을 첨부가 가능하다. 화면에서는 사진파일을 첨부한 모습의 예이다.

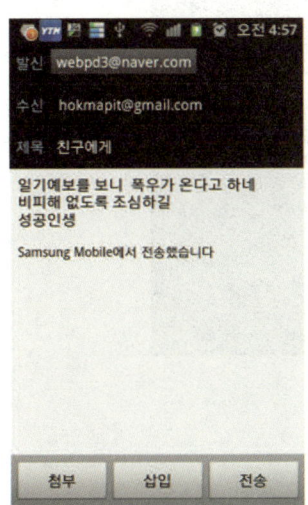  

첨부까지 완료하고 전송버튼을 누르면 발신함에서 자신이 보낸 메일의 제목을 확인할 수 있다. 다음으로 발신목록에서 자신이 보낸 메일을 열어 보면 좀 전에 보낸 메일의 메시지를 확인이 가능하다.

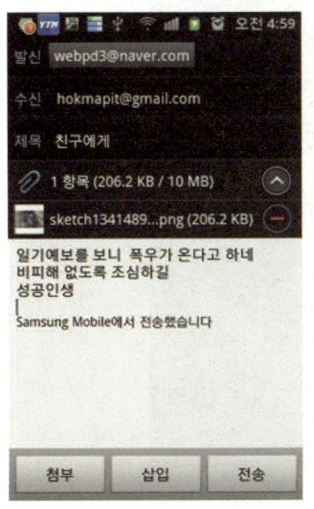  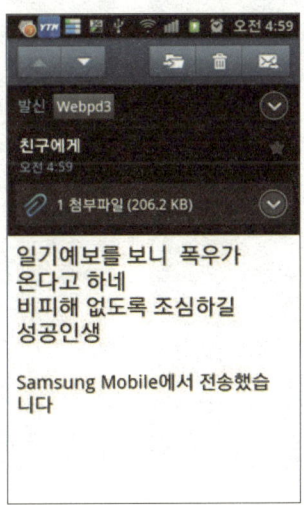

수신함에서 탭버튼을 누르면 수신메일을 삭제하거나 검색해 볼 수 있고 더보기를 누르면 계정 설정 내용을 확인할 수도 있다. 계정설정을 살펴보면 계정의 이름과 내이름, 이메일 확인 주기, 서명 등에 대한 내용을 확인하고 설정이 가능하다.

 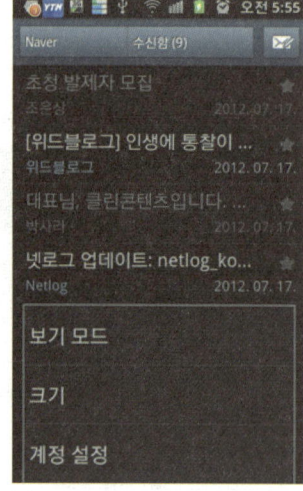 

4 | 통신 모드 설정(WiFi, 3G)

WiFi, 3G (혹은 4G LTE)를 선택하기위해서 스마트폰 메뉴에서 '환경설정' 앱을 선택한다. 그리고 통신모드 변경을 위해 '무선 및 네트워크'를 선택하고 먼저 3G 데이터 네트워크설정을 위하여 '3G데이터 네트워크 설정'을 터치한다.

  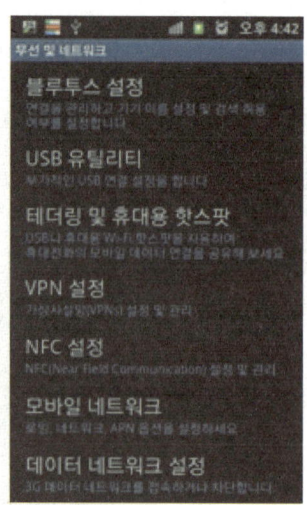

현재 데이터 네트워크 가 '허용하지 않음' 으로 되어 있을 경우에는 화면에서 보는 것처럼 데이터 네트워크 설정을 '접속허용' 으로 변경함 확인버튼을 누른다. 그러면 화면의 상단 중앙에 3G 표시가 활성화되면서 위 방향과 아래 방향으로 화살표가 생긴다. 이것은 통신이 가능함을 의미한다.

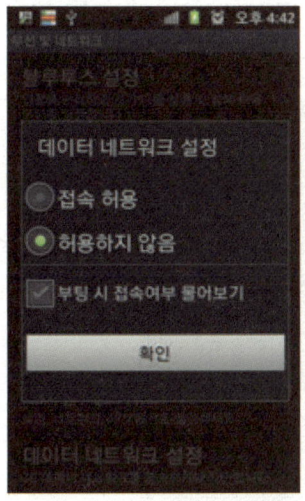 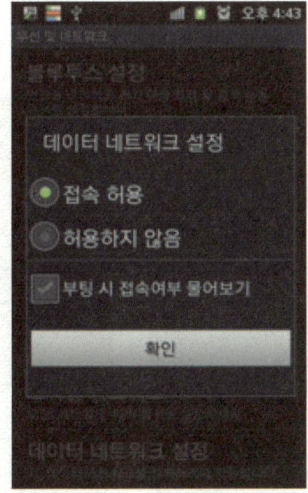 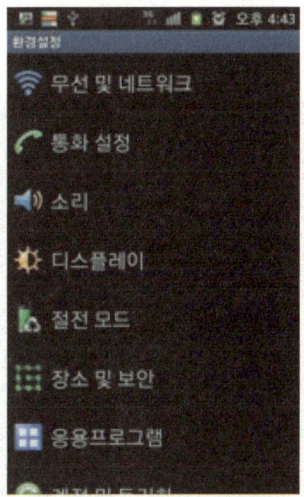

아래의 첫 번째 화면은 3G 데이터네트워크의 통신상태로 웹사이트 검색을 한 결과화면이다. 이제 3G 데이터 네트워크 통신을 해제하기 위하여 데이터 네트워크 설정을 누른다. 다음으로 데이터 네트워크 설정을 '허용하지 않음' 으로 변경한다.

 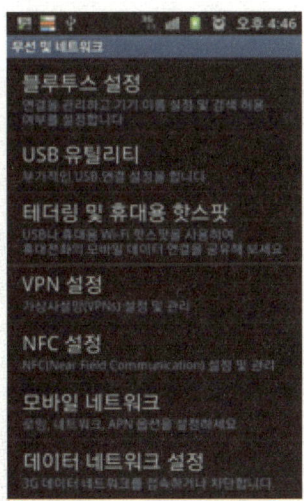 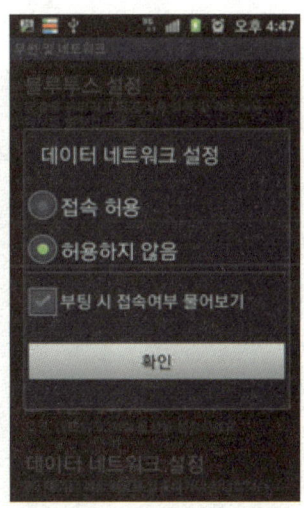

스마트폰 화면 상단 중앙의 3G 표시가 사라진 것을 볼 수 있는데 이것은 3G 데이터 네트워크가 비활성화 상태임을 뜻한다. 이번에는 가운데 화면에서처럼 Wi-Fi 통신을 이용하여 인터넷을 사용해 보고자 한다. 인터넷어플을 열면 통신망을 연결하라는 메시지가 팝업으로 뜨면서 데이터 네트워크나 WiFi를 선택하도록 보여준다. 이 팝업 화면에서 바로 WiFi 연결을 원하면 WiFi버튼을 터치하면 된다. 여기서 취소 버튼을 누른 경우에는 홈버튼으로 누르고 앱 메뉴화면으로 돌아간다.

 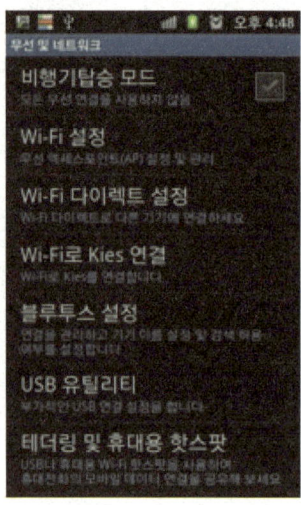 

그리고 환경설정앱에서 '무선 및 네트워크 '선택한다. 다음의 화면에서 무선 및 네트워크의
Wi-Fi 설정을 터치한다. 그러면 'Wi-Fi를 실행하세요'를 라는 메시지가 보이는데 다시 선택한다.

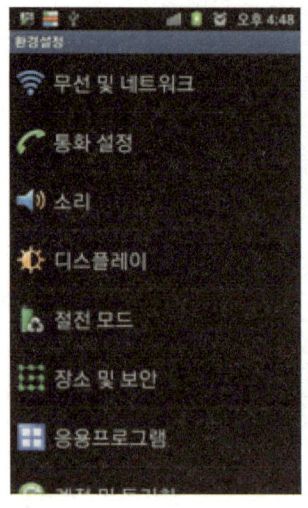 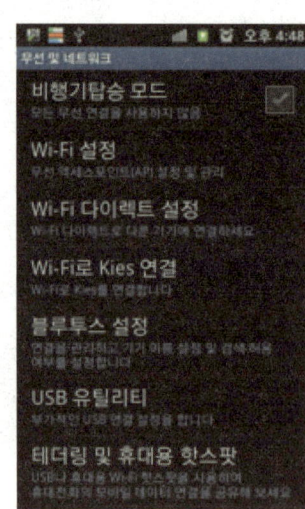 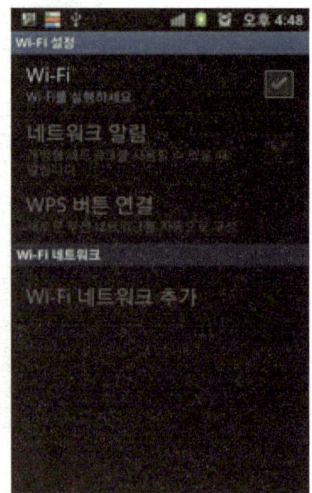

Wi-Fi글씨 하단에 조그만 글씨로 'Wi-Fi 검색중' 이라고 표시되면서 검색을 진행한다. Wi-Fi가 연결된 경우에는 'Wi-Fi가 연결됨'으로 표시된다. 스마트폰의 화면 상단 중앙에 와이파이가 연결된 경우에 부채꼴 모양의 와이파이 심볼이 보여진다. 와이파이의 신호가 강한 경우에는 부채꼴 모양의 신호가 모두 뜨고 그렇지 않은 경우에는 신호가 약할수록 부채꼴의 모양은 작게 표시된다. 부채꼴 모양이 하나 정도만 나오는 경우에는 실질적인 인터넷의 접속이 어려울 수 있다.

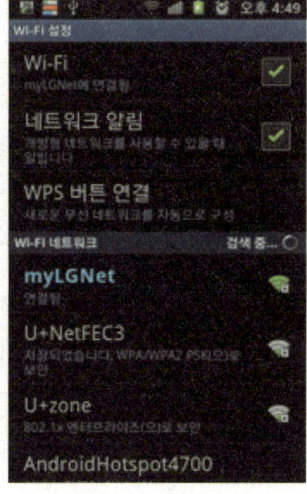
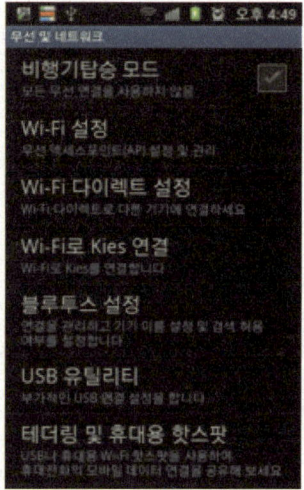

그럼 이번에는 와이파이 연결 상태로 인터넷 어플 실행해 보도록 한다. 3G 접속 때와 마찬가지로 동일하게 와이파이로도 인터넷 웹사이트 내용을 볼 수 있다. 이제는 와이파이 통신접속을 해제하는 방법을 알아보도록 한다. 와이파이 통신상태를 해제하는 방법은 먼저 환경설정 앱에서 '무선 및 네트워크'를 선택한다.

다음으로 'Wi-Fi 설정' 글씨 밑에 '무선액세스포인트(AP)설정 및 관리'가 보이는 상태에서 Wi-Fi 설정을 터치한다. 그러면 기존에 이미 연결된 Wi-Fi 네트워크가 보인다. 화면의 예에서는 myLGNet이다. Wi-Fi를 터치하면 '해제중'이라는 메시지가 잠시 보인 후 와이파이 체크 표시가 해제되면서 Wi-Fi 네트워크 연결이 차단된다. 아래 맨 오른쪽의 화면처럼 '와이파이를 실행하세요' 메시지가 나오면 와이파이 통신이 해제된 상태이다.

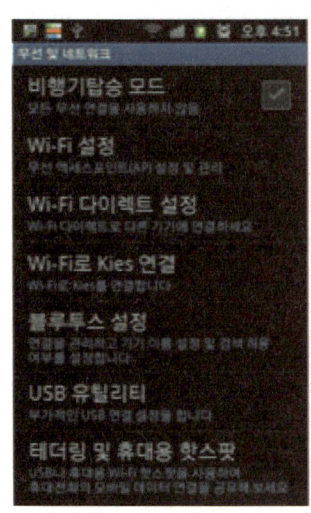  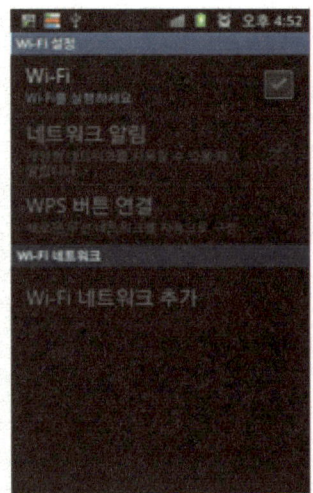

5 | 테더링 이용법

테더링이란 휴대폰의 3G 무선인터넷망을 노트북이나 넷북 등 IT기기에 연결해서 무선인터넷을 사용하는 것을 뜻한다. 스마트폰 갤럭시S2의 테더링 및 휴대용 핫스팟 기능으로 넷북과 연결하는 작업을 예로 설명하고자 한다. 아래의 화면과 같이 무선 네트워크 연결이 안된 넷북이 있다. 무선네트워크 연결의 속성으로 연결이 되어 있지 않음이라고 표시되어 있다. 넷북에서 네트워크 목록을 새로 고침해 보면 무선 네트워크 검색이 안 된 상태임을 '범위 안에 무선네트워크가 검색되지 않았습니다.' 라는 메시지를 통해 확인할 수 있다.

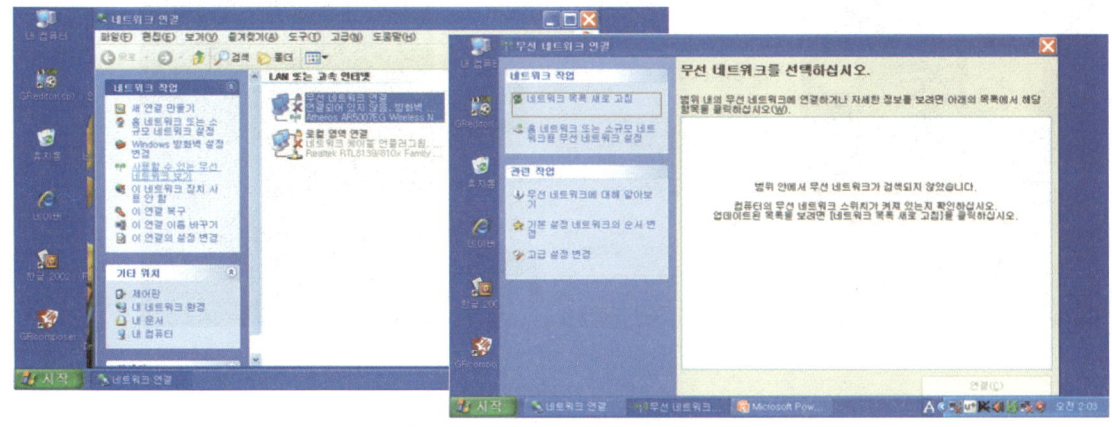

넷북이나 노트북에서 무선인터넷을 활용하기 위해서 먼저 스마트폰의 '환경설정' 앱을 터치한 다음 '무선 및 네트워크'를 선택한다. 그리고 상세 리스트에서 하단의 '테더링 및휴대용 핫스팟'을 선택한다. 다음 화면에서 '휴대용 와이파이 핫스팟 설정' 터치한다. 아래의 오른쪽

화면에서 볼 수 있듯이 휴대용와이파이 핫스팟 사용시 배터리소모 증가할 수 있다는 메시지가 보일 수 있다. 이때 확인 메시지에 대해 확인버튼을 누른다.

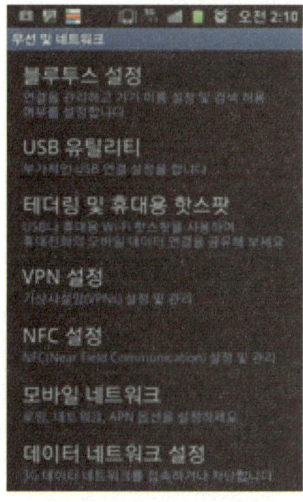  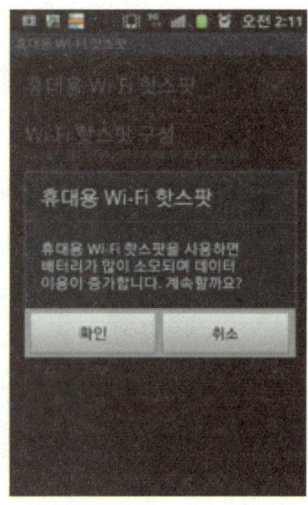

휴대용 와이파이 핫스팟이 활성화된다. 이때 화면 상단에 '테더링 또는 휴대용 핫스팟 사용' 문구가 나타난다. 휴대용 와이파이 핫스팟 소개 내용이 나오는데 이때 확인버튼을 눌러준다.

휴대용 WiFi 핫스팟 바로 아래에 WiFi핫스팟 구성(공개 휴대용 WiFi 핫스팟)이 구성됨을 표시하고 있다.

 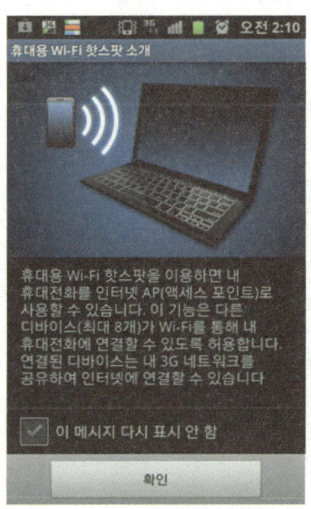 

휴대용 와이파이 핫스팟이 활성화된 상태(A)에서 노트북이나 넷북의 무선네트워크 목록을 새로 고침하면 테더링한 결과가 나타난다. 스마트폰의 핫스팟 구성에서 보여진 예를 들어 설명하면 AndroidHotspot3927이 노트북이나 넷북의 무선네트워크 목록 새로고침을 하면 무선네트워크 목록 중에서 AndroidHotspot3927이 있음을 알 수 있다. 그러면 노트북이나

넷북의 무선네트워크 활성화를 위해 노트북이나 넷북에 표시된 스마트폰의 3G 무선인터넷망 부분(예, AndroidHotspot3927)을 클릭한다.

 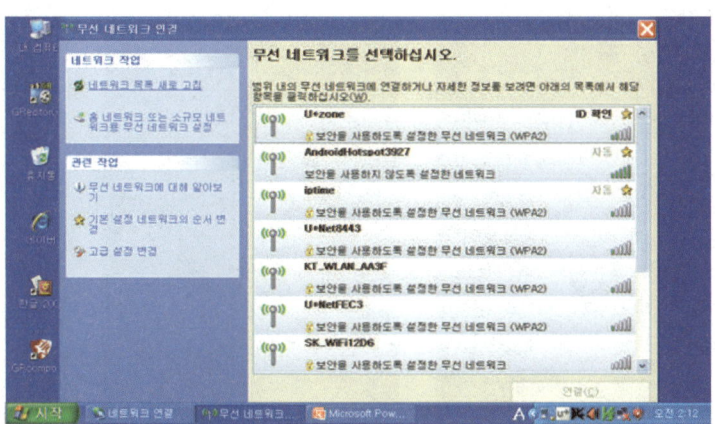

아래의 오른쪽 화면은 노트북이나 넷북에서 테더링하기로 새롭게 검색된 무선네트워크를 클릭한 경우에 팝업화면에서 'windows에서 AndroidHotspot3927 네트워크에 연결하는 동안 잠시 기다려 주십시오.' 라는 메시지가 보여지면서 무선 네트워크 연결이 진행한다. 결과적으로 아래의 왼쪽 화면에서처럼 스마트폰을 이용한 노트북이나 넷북에서의 무선네트워크 연결이 성공적으로 이루어진다.

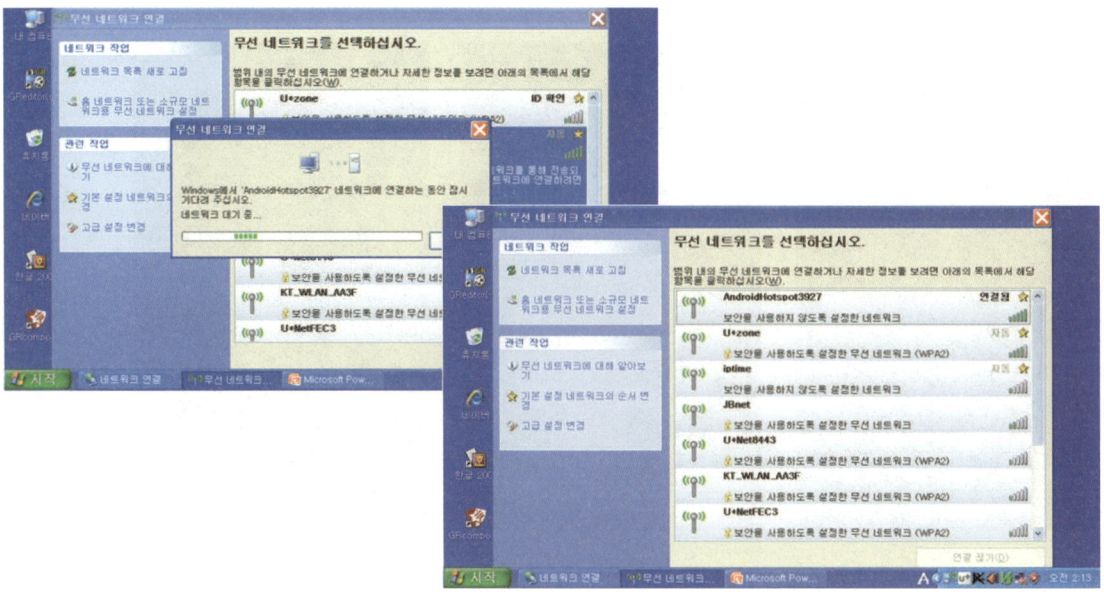

아래의 왼쪽 화면은 넷북에서 스마트폰의 테더링을 이용한 인터넷 접속의 예이다. 테더링을 사용한 후에 연결을 해제하려면 휴대용 와이파이 핫스팟 부분의 체크표시를 해제하면 된다.

6 │ 효율적인 요금관리 방법(도돌폰)

스마트폰을 무작정 사용하다보면 요금폭탄을 맞을 수 있다. 요금폭탄을 맞게 되는 이유는 3G 혹은 4G 상태에서 데이터를 많이 사용하다보면 요금이 많이 나올 수 밖에 없다. 요금폭탄을 피하기 위해 나의 스마트폰 사용량을 체크할 수 있는 스마트폰 사용량앱인 도돌폰을 설치하여 사용할 수 있다. 도돌폰은 SKT, KT, LGU+ 이동통신사의 스마트폰을 지원한다. 도돌폰 앱을 스마트폰에 설치하면 자신이 사용한 데이터, 음성통화, 문자(MMS포함)나 와이브로의 사용량도 알 수 있다. 중간에 결제일이나 요금제가 바뀌었을 경우에 결제일 변경이나 새로운 요금제 적용도 편리하다. 그림 화면에서처럼 플레이스토어앱을 실행하여 입력박스에 '도돌폰' 이라고 친 후에 검색을 하면 도돌폰앱이 리스트된 것을 화면에서와 같이 볼 수 있다.

도돌폰 앱 목록을 선택하여 아래의 화면에서와 같이 '설치' 버튼을 누르고 '동의 및 다운로드' 버튼을 누른다. 그러면 설치 진행이 100%이르면 '열기' 버튼이 나오는데 열기를 하면 도돌폰앱이 실행된다.

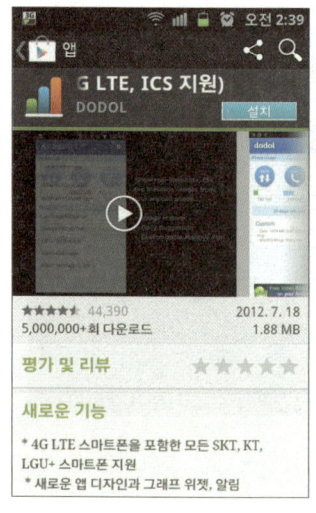  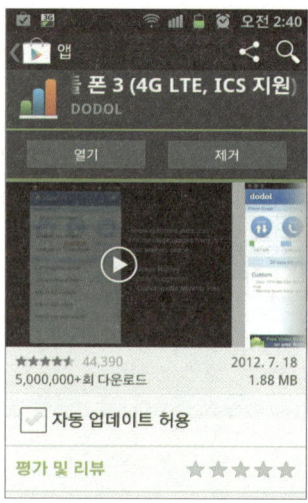

도돌폰을 설치하면 '요금제가 선택되지 않았습니다.' 라는 메시지가 보인다. 이곳을 눌러 요금제를 설정하면 된다. 가운데 화면처럼 지역을 대한민국으로 선택하고 '다음' 버튼을 누르고 자신이 가입한 통신사를 선택한다.

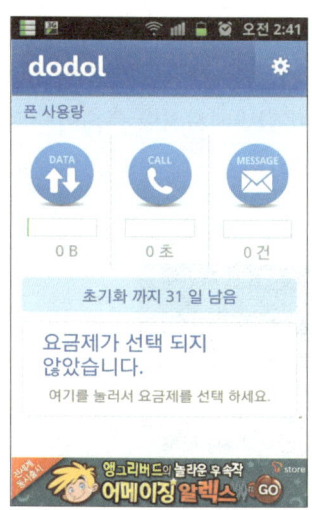 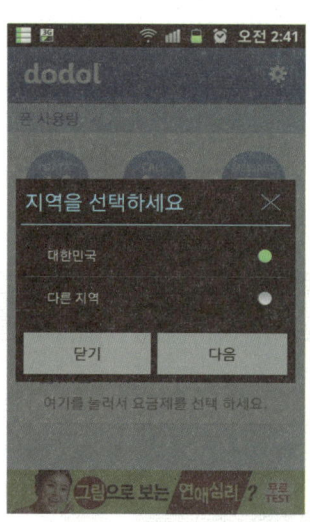 

다음으로 할 일은 요금제를 선택하는 것이다. 이동통신사에 자신의 가입한 요금제를 파악하여 선택한다. 요금고지서를 참고하면 자신이 가입한 요금제를 정확히 알 수 있다. 월 초기화 날짜는 자신의 요금고지서에 보면 사용기간이라는 것이 나오는데 가령 사용기간이 매월 1일부터 말일까지로 되어 있다면 월 초기화 날짜는 1일로 하면 된다. 초기화 날짜까지 입력을 완료하고 '다음' 버튼을 누르면 '끝' 이라는 메시지가 보이면서 자신이 입력한 요금제에 대해 다시 한번 보여 준다.

  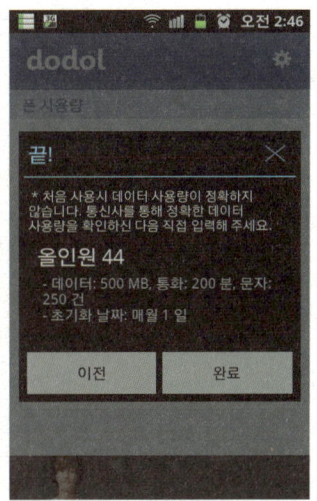

폰사용량 점검을 위해 스마트폰의 메뉴화면에서 도돌폰 앱 아이콘을 찾아 실행을 한다. 그러면 도돌폰 앱이 실행되면서 데이터 사용량, 음성통화 사용량, 문자메시지 사용량을 점검하여 보여준다. 'DATA', 'CALL', 'MESSAGE' 앱을 각각 실행하면 '데이터요약', '통화요약', '문자요약' 내용을 오늘의 추천 사용량 대비 오늘의 사용량과 월 기준의 전체 사용량을 보여준다.

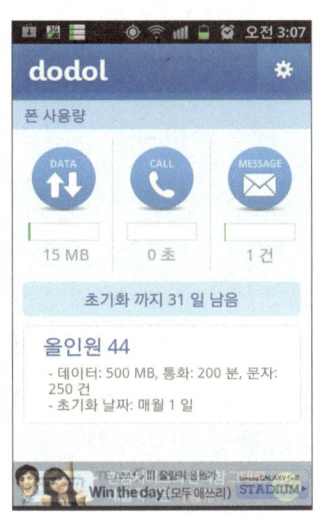 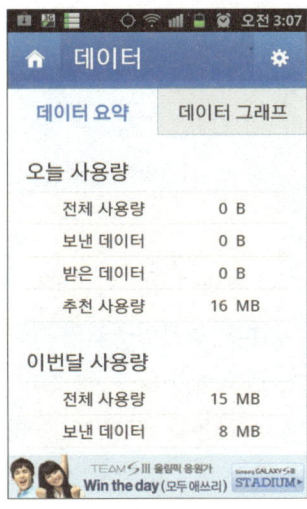 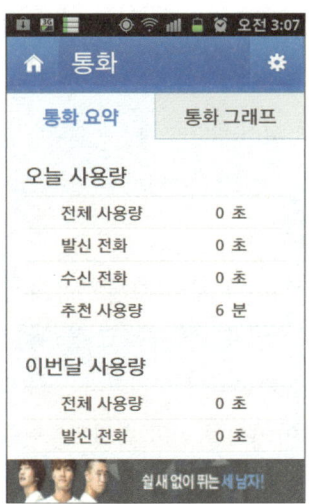

요금제는 그대로이지만 결제 날짜가 변경된 경우에는 설정에 들어가서 '요금제 수정'을 선택하면 자신이 가입한 요금제의 월 초기화 날짜를 자유롭게 변경할 수 있다.

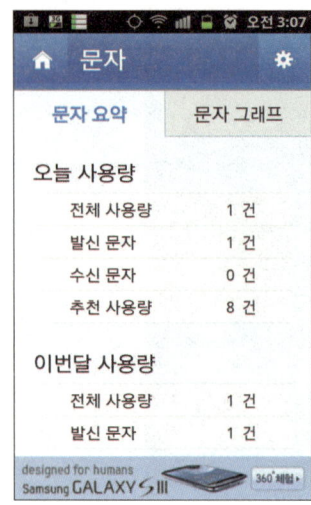 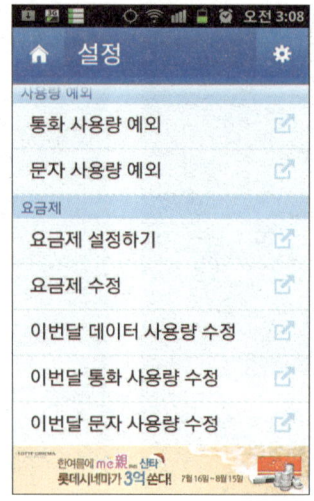 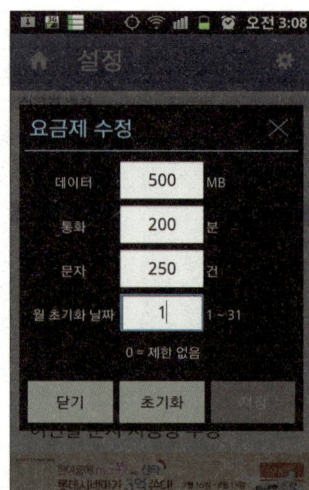

스마트폰을 사용하면서 폰사용량이 궁금한 경우에는 화면상단의 통신신호 심볼이 나오는 곳에서부터 아래로 수직으로 손가락으로 드래그하면 도돌폰 사용량을 바로 살펴볼 수 있다. 더 자세한 내용을 확인하려면 요약된 내용을 터치하면 전체화면으로 상세 내용이 보여진다.

음성통화를 많이 하고 데이터나 문자를 적게 사용하는 경우에는 카카오톡 앱의 보이스톡 기능이나 Skype 앱, Viber 앱을 활용하여 통화를 하면 사용 요금을 줄일 수 있다. 당연히 상대방도 해당 앱을 같이 설치된 상태이어야 활용이 가능하다.

※ 위의 도돌폰 설치 화면의 예는 도돌폰 3.0.21 버전을 기준으로 작성된 것이다.

7 | 스카이프

스카이프는 선불카드로 결재해 사용하는 인터넷 전화이지만 와이파이존이나 3G통신망을 사용해 등록한 스마트폰 가입자간에 무료로 통화를 할 수 있다. 스카이프앱의 사용을 위해서는 플레이스토어에서 스카이프앱을 다운받아 설치한다. 이용약관이 나오면 동의를 하고 가입자의 이름, Skype이름에는 자신이 사용할 아이디를 적고 비밀번호에는 자신이 사용할 비밀번호를 입력하고 비밀번호 재입력란에도 동일하게 비밀번호를 기입하면 된다. 그리고 이메일과 전화번호를 입력하고 계정만들기 버튼을 누른다. 전화번호 앞에는 +82를 붙이고 다음에 자신의 번호를 입력하면 된다. 예) 01034033999일 경우 +821034033999로 입력함

계정만들기가 끝나면 전화할 상대를 추가하면 된다. 연락처 추가시에는 신규 연락처 추가를 사용한다.

 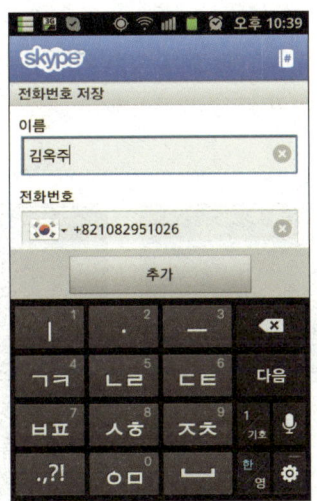 

스카이프 가입자간에 무료 통화이므로 상대방도 가입 후 상대 아이디를 입력 후 검색 버튼을 누르면 상대방 대화명이 나타나고 추가하면 된다. 아래의 가운데 화면에서 공유 버튼이 있는 옆의 글입력란에는 간단한 글을 입력하여 친구들에게 자신의 근황을 이야기할 수 있다. 예로 적은 글 '더운데 물놀이나 가자' 이 자신의 프로필에 적용되어 있다.

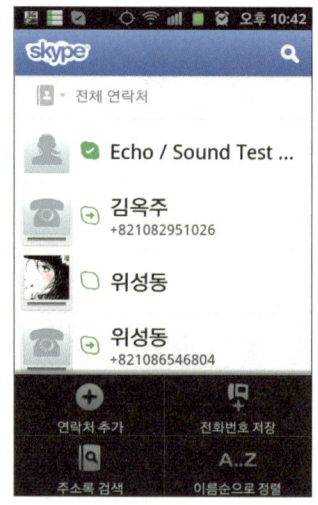 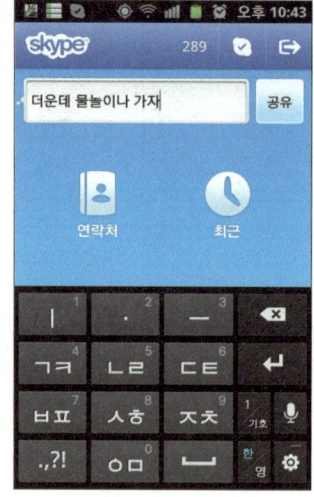 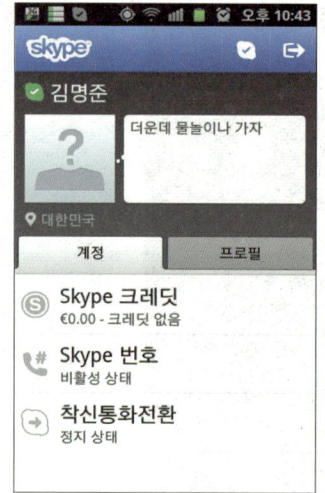

추가후 통화버튼을 누르면 상대방에게 신호가 가고 상대방이 전화를 받으면 통화가 가능하다. 스카이프를 통해 영상통화도 가능하지만 아래의 화면에서는 음성통화의 상태를 보여준다. 스카이프앱으로 통화시 주의할 것은 통화를 하려면 상대방도 로그인 상태가 되어야 전화통화가 상호가능하기 때문에 '스카이프로 전화할까?'라는 문자메시지를 먼저 주고 전화를 거는 것이 바람직하다. 통화를 마친 경우 스카이프 프로그램에서 로그아웃하면 된다.

  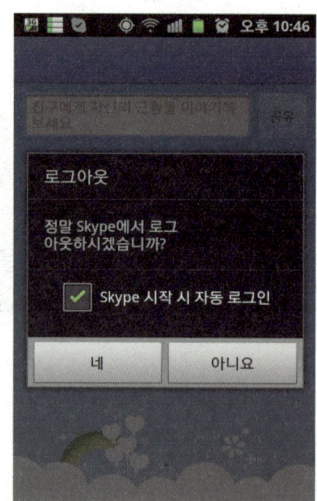

스카이프는 PC버전의 사용자나 스마트폰의 사용자나 서로 로그인만 되어 있으면 통화가 가능한데 PC버전 사용자는 헤드셋과 웹캠을 설치해야 음성통화와 영상통화가 가능하다.

8 | 녹음과 재생

강의를 듣거나 노래나 연주를 녹음하기 위해서 스마트폰에서 녹음을 할 필요가 생긴다. 스마트폰에서 음성녹음앱을 활용하여 녹음하고 재생하는 방법에 대해 알아본다. 먼저 음성녹음 아이콘을 실행한다.

다음으로 녹음버튼을 누른다. 그러면 파형이 이퀄라이저 형태로 보이면서 녹음이 진행된다. 녹음시 스마트폰의 마이크 방향은 음원을 향하도록 놓는 것이 바람직하다. 잠간의 휴식이나 잡음 발생시에는 일시정지를 눌렀다가 다시 녹음 버튼을 누르면 계속 녹음을 진행할 수 있다. 녹음을 마치려면 아래의 화면과 같이 중지 버튼을 누르면 된다.

  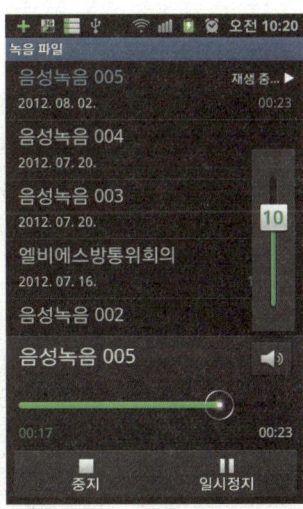

방금전에 녹음한 내용은 '음성녹음 005'로 오디오파일이 생성되었다. 녹음 파일 리스트에서 '음성녹음 005'를 선택하면 녹음했던 파일의 오디오를 들을 수 있다. 그리고 소리가 작다고 생각될 때에는 스피커 모양의 아이콘을 클릭하여 소리를 조정하면 크게 들을 수 있다.

I. 손안의 작은 컴퓨터 200% 활용하기 • 35

9 | 녹음파일 컴퓨터에서 재생하기

이제 음성녹음앱을 이용하여 '음성녹음 005'를 컴퓨터로 옮겨서 컴퓨터에서 재생하는 것에 대해 알아본다. 먼저 스마트폰을 스마트폰과 컴퓨터와 연결할 수 있는 케이블을 사용하여 사진에서 보는 것처럼 연결을 한다. 컴퓨터에는 USB포트를 이용해 접속한다.

스마트폰의 홈화면에서 화면 위로부터 아래로 손가락을 이용하여 드래그하여 내리면 'USB연결됨'이라고 화면에 표시된 것을 볼 수 있다. 이 부분을 터치하면 아래의 가운데 화면처럼 'USB 연결됨' 화면이 전체화면으로 표시된다. 컴퓨터와 스마트폰의 USB저장소 간의 파일을 복사하려면 'USB저장소 사용' 버튼을 누르면 컴퓨터와 연결이 완료된다. 이 연결방식은 Android계열의 스마트폰에서 사용하는 연결방법이다. 접속이 되면 안드로이드 캐릭터가 주황색으로 바뀌면서 'USB저장소 사용 중'으로 화면에 표시됨을 볼 수 있다. 그러면 컴퓨터에서 스마트폰에 녹음된 파일을 내컴퓨터의 드라이브에서 새로 생성된 드라이브를 찾는다.

  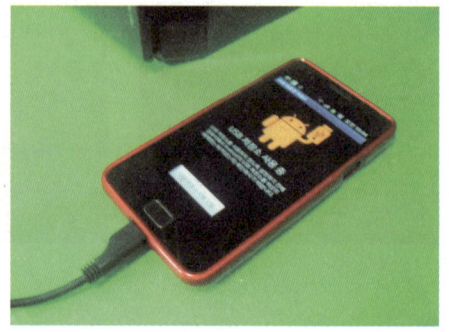

내컴퓨터를 검색하니 G드라이브가 스마트폰의 드라이브로 확인됨을 알 수 있다. 음성녹음 파일은 Sound 폴더의 안에 있다. 그 중에 테스트로 녹음한 파일 '음성녹음 005' 파일이 보인다.

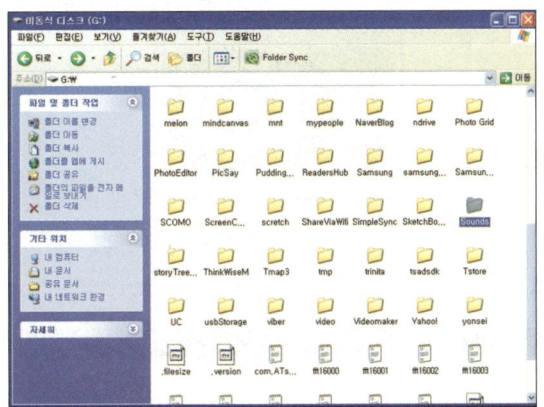 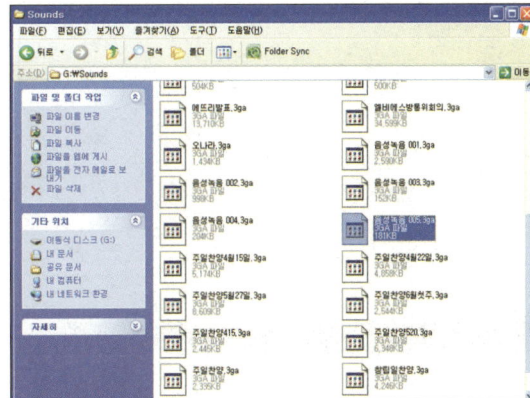

이 파일을 그냥 더블 클릭해 보면 '이 파일을 열 수 없음' 이라는 팝업 메시지가 나타난다. 컴퓨터에서 바로 재생이 되지 않는 이유는 확장자가 3ga로 되어 있는 파일이기 때문에 스마트폰에서 녹음한 파일들이 갖고 있는 확장자라서 그렇다. 이를 컴퓨터에서 들으려면 인코딩 프로그램을 이용해서 mp3의 파일로 전환해서 듣는 것이 가능하다.

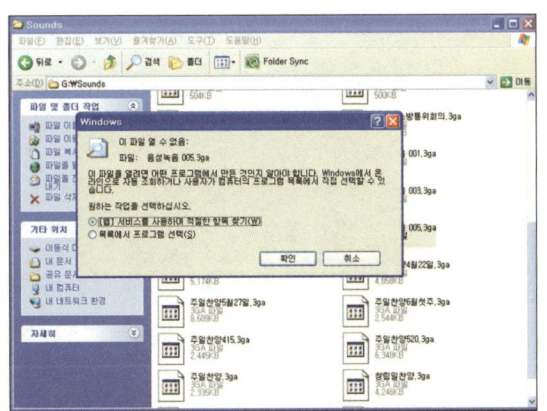 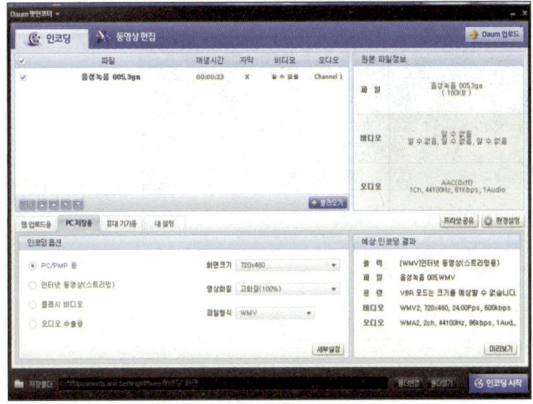

화면에서 제시된 것은 다음에서 제공하는 팟인코더를 이용하여 3ga를 전환해본다.

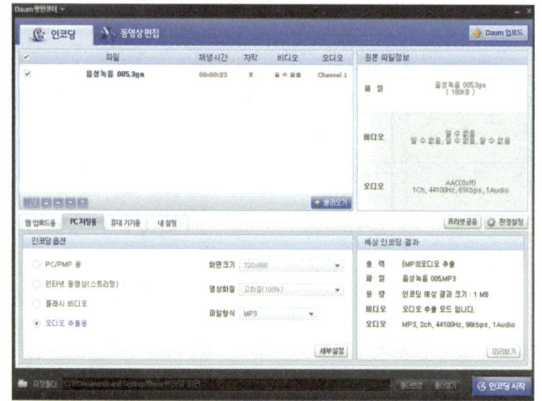 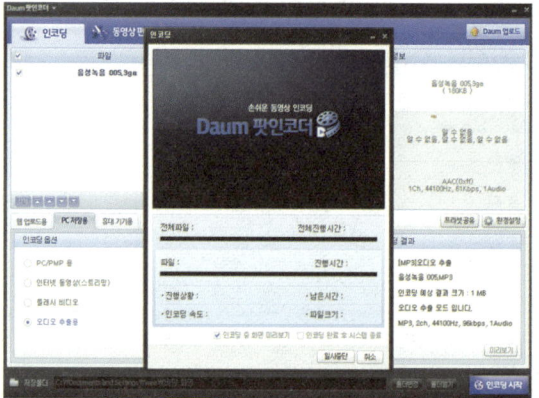

먼저 스마트폰에서 녹음한 음성파일을 컴퓨터로 복사해 옮겨 놓고 팟인코더를 실행하여 인코딩 부분에 '음성녹음 005' 파일을 클릭하여 드래그한다. 다음은 인코딩 부분 하단에 'PC저장용'탭을 선택하고 저장방식을 MP3로 한 다음 '인코딩시작' 버튼을 누른다. 잠시 후 인코딩 진행사항이 팝업 화면으로 제시된다. 전환이 완료되면 저장 폴더에 접근하여 전환된 파일을 확인하면 '음성녹음 005.mp3'로 전환된 것을 확인할 수 있다.

전환된 '음성녹음 005.mp3' 파일을 곰 오디오 등 오디오플레이를 이용하여 소리를 재생해 보면 정상적으로 재생이 잘 되는 것을 볼 수 있다.

II. 스마트 사진작가 되기

1. 스마트폰에서의 기본 사진 촬영법
2. 스마트폰에서의 효과 사진 촬영법
3. 스마트폰에서의 특수 사진 촬영법(푸딩카메라 앱)

1. 스마트폰에서의 기본 사진 촬영법

스마트폰에서 사진촬영을 위해서는 먼저 카메라어플을 선택한다. 다음으로 '환경설정' 버튼을 누르면 사진에서 보는 바와 같이 메뉴 화면이 나타난다. 먼저 플래시 메뉴를 누르면 초기상태는 해제로 되어 있고 설정을 누르면 후레시가 셔터를 누를 때마다 발광하는 모드이고 자동 플래시는 사진 촬영하는 장소가 어두우면 플래시가 자동으로 켜진다.

 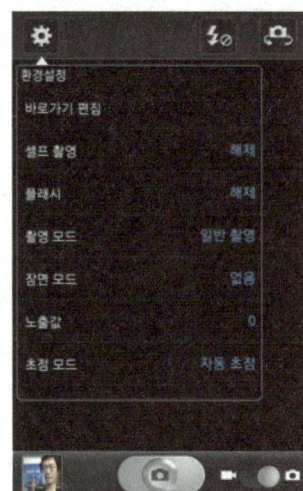 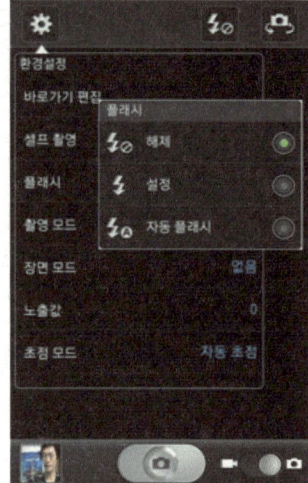

디카환경설정에서 촬영모드는 일반촬영, 스마일샷, 뷰티샷, 파노라마, 액션샷, 카툰이 있다. 스마일샷은 피사체인 인물을 촬영하기 위해 셔터를 누르면 바로 촬영이 되지 않고 입주위에 녹색 사각형이 나타나면서 추적하다가 입이 웃는 모양이 될 때 셔터소리가 나면서 촬영을 한다. 뷰티샷은 인물사진을 촬영하면 얼굴의 피부를 깨끗하게 나오도록 이미지를 만들어 준다. 파노라마는 촬영하기 전에 촬영의 범위를 눈으로 먼저 가늠하고 시작하는 것이 좋다. 왼쪽부터 오른쪽까지 약 180도 정도의 범위가 촬영이 가능하다. 파노라마 모드에서 셔터를 누른 후 왼쪽에서부터 오른쪽으로 수평적으로 이동하면 카메라뷰에 사각형이 나타나면서 찰칵, 찰칵하는 셔터음이 들린다. 갤럭시S2 경우에는 총 8장의 사진이 촬영되어 하나의 파노라마 사진으로 완성을 한다.

▲ 디카 환경설정

▲ 스마일샷

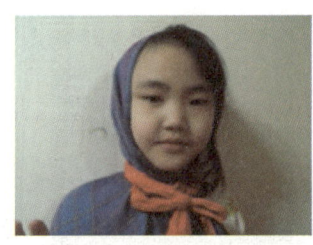
▲ 뷰티샷

▲ 파노라마

액션샷 모드에서 촬영을 할 때의 주의점은 먼저 움직이는 대상이 있어야 하고 이 움직이는 대상이 어떤 움직임과 동선을 가지는 지 예측하고 촬영하여야 한다. 액션샷은 프레임을 일정한 곳에 고정을 하고 촬영하면 움직이는 피사체의 모습이 특정인 움직임을 잡아내 사진으로 보여지는 것을 볼 수 있다. 카툰샷은 실제 피사체가 디카가 만화적 느낌으로 표현한다.

▲ 액션샷

▲ 카툰샷

노출이란 카메라의 셔터버튼을 눌러 미리 설정해 놓은 조리개와 셔터 속도로 일정시간 동안 감광체를 빛에 노출시켜 렌즈가 만들어낸 상을 받아들여 기록하는 과정을 말한다. 피사체의 명도에 따라 조리개의 크기와 셔터 속도를 조정하고 이 두 가지 조합으로 노출을 조절한다. 스마트폰 디카에서는 노출값을 -2에서부터 +2까지 손으로 터치하여 조정할 수 있다.

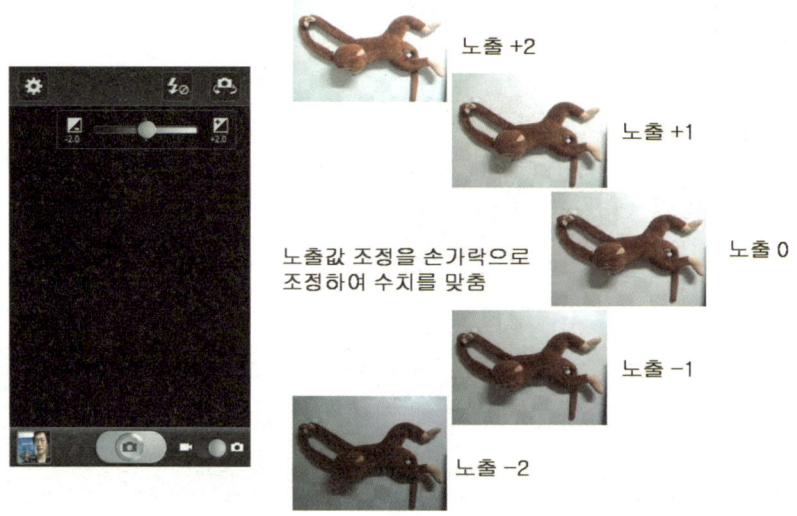

초점모드에서 자동, 접사, 얼굴인식의 조작이 가능하다. 자동초점은 일반적인 사진촬영에 사용하고 접사모드는 가까운 거리에 있는 꽃이나 작은 피사체를 촬영할 때 사용할 수 있다. 얼굴인식모드는 인물촬영사진에서 얼굴의 피부톤이 자연스럽게 나오게 한다.

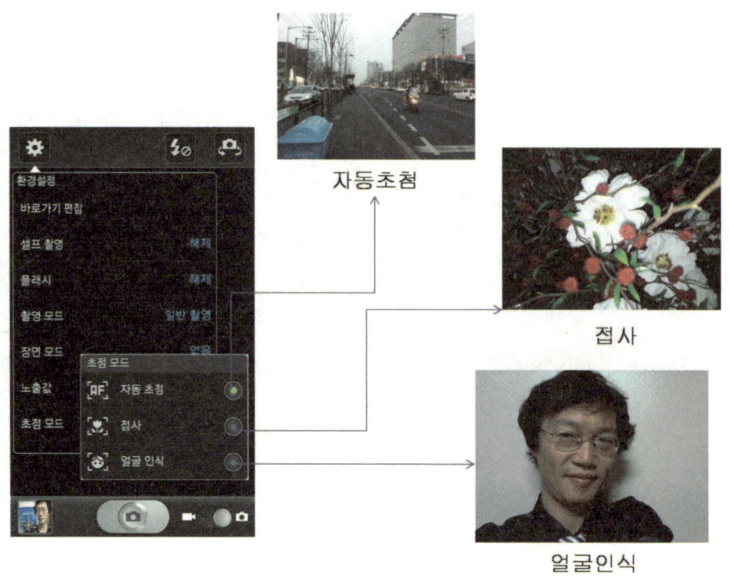

타이머는 스마트폰을 삼각대나 그립을 활용하여 단체사진이나 독사진을 효과적으로 촬영할 수 있다. 타이머의 시간조절은 2초, 5초, 10초의 설정이 가능하지만 실제로는 10초를 많이 사용한다.

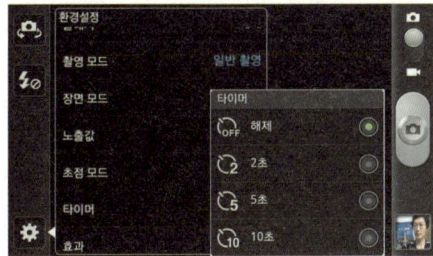

셀프 타이머는
2초, 5초, 10초로
나누어 설정할 수 있음

사물에 지지해서 촬영하거나
삼각대를 이용한 촬영에
매우 유용한 기능임

화면의 해상도는 3백만화소부터 최대 8백만화소 까지 선택할 수 있다. 화소수가 커지면 파일의 데이터량도 커진다. 디카에서 줌인으로 들어 갈수록 화상의 데이터량은 적어진다.

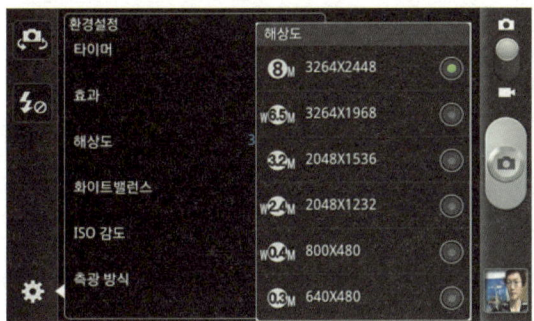 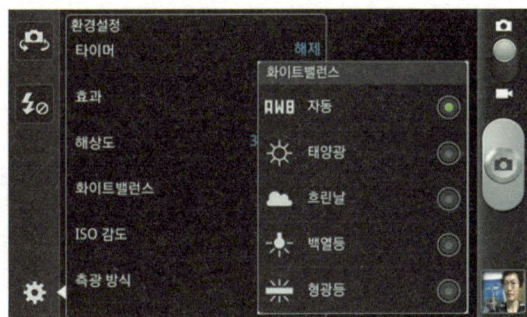

화이트밸런스는 촬영시 흰색 부분을 흰색으로 인식할 수 있도록 하는 것이다. 특히 실내에서 촬영시 백열등이나 형광등에 따라서 화이트밸런스를 필히 선택해 주어야 좋은 사진을 얻을 수 있다.

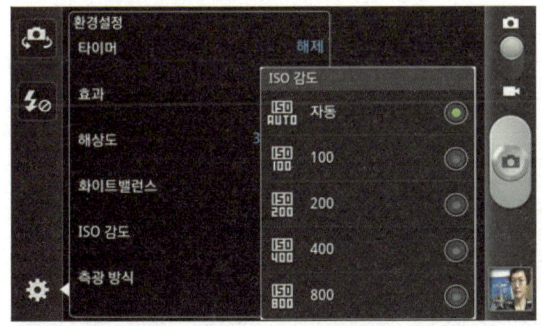 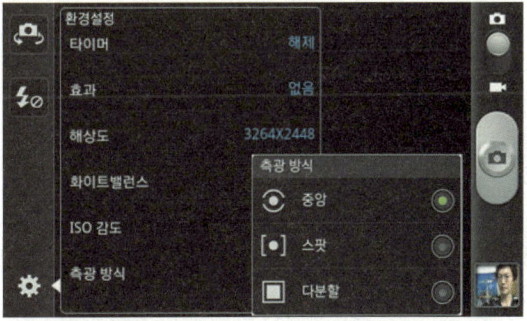

국제표준에서 디지털 스틸 카메라는 'ISO 12232:2006' 규격에 해당한다. ISO 감도를 높이면 어두운 장소에서도 밝은 사진을 쉽게 찍을 수 있다. ISO는 100, 200, 4000, 800까지 스마프폰에서 조정이 가능하다.

(모델에 따라 다를 수 있음) ISO가 수치가 높아질수록 사진이 밝게 나오는데 ISO 감도가 높아질수록 섬세함 및 채도가 점차 저하되고 노이즈가 증가하여 전반적인 사진의 화질이 크게 떨어질 수 있다.
측광방식은 중앙, 스팟, 다분할 중 선택하여 촬영을 할 수 있다.

> '측광모드'란 쉽게 말해 렌즈를 통해 들어온 빛의 반사율을 측정하는 것으로 피사체와 주변 환경을 계산해 적절한 노출이 되도록 하는 것을 의미한다.

'중앙측광'은 카메라의 전체 촬영값을 계산할 때 뷰파인더 중앙부에 그려진 동그란 원형타켓 부분의 광량을 60%~80%까지의 비율로 적용하고 나머지 원형 주변부의 광량을 20%~40%까지 적용하여 100%의 조리개 값을 계산한다. 프레임안에 들어있는 풍경에서 정확하게 중간톤을 찾아내어 그 부분에 스팟측광을 한다. 중간톤이란 예를 들어 설명하면 노을사진의 경우 해, 노을진 구름, 바다 이렇게 3군데 정도의 측광 지점이 있다고 가정할 때 해와 바다의 중간지점. 그러니까 노을이 비친 구름 정도를 측광 지점으로 사용한다.
'스팟측광'은 뷰파인더상의 동그란 원형타켓 안에 들어오는 피사체로만 100% 조리개 값을 설정한다. 주변배경이 주 피사체보다 밝은 경우 카메라는 원형타켓 안의 주 피사체를 제외한 주변의 밝은 빛에 반응하지 않고 전체적으로 주 피사체의 조리개 값을 적용하므로 주 피사체의 노출부족현상을 방지할 수 있다.
'다분할 측광 방식'은 대부분의 많이 사용하는 방식으로, 뷰파인더 내 여러 부분으로 각각 나누어 측광한 뒤 이를 평균값으로 계산해 적절한 노출값을 적용하는 방식이다. 다분할 측광은 카메라 스스로 노출을 맞춰주기 때문에 초보자가 사용하기에 매우 편리하고, 보통 풍경사진을 촬영할 때 많이 이용한다.
손떨림 보정 모드를 설정해 주면 촬영시 손떨림을 잡아주는 효과가 있어 안정적 촬영에 도움을 준다.

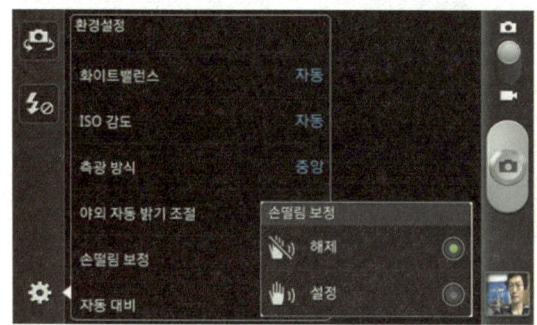 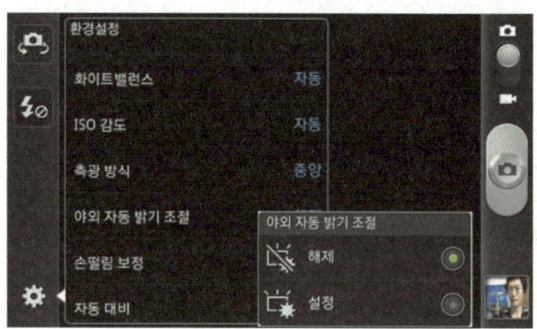

야간자동밝기 조절은 설정 상태로 하면 설정상태를 해제하고 촬영하였을 때 보다 어두운 부분의 경계선이 선명하게 잘 보인다.

▲ 야간자동밝기조절 해제

▲ 야간자동밝기조절 설정

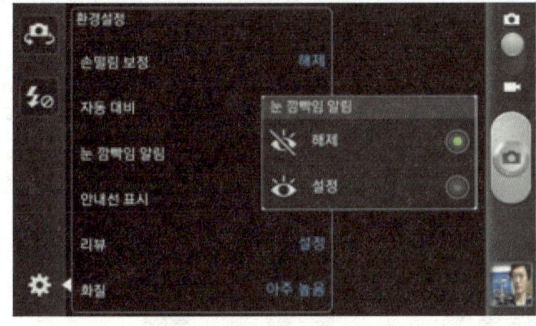

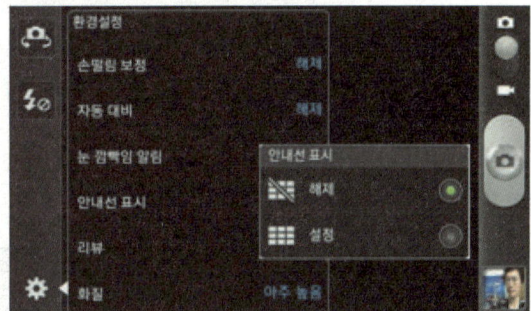

눈 깜빡임 알림은 촬영 시 인물의 눈이 깜빡일 수 있어 눈을 감은 모습이 촬영될 수 있는 것을 방지해주는 기능이다.

안내선 표시 기능은 촬영 시 구도를 잡는데 유용하게 사용할 수 있다. 안내선을 보면서 황금비율을 찾아서 촬영을 할 수 있는데 도움을 준다.

2. 스마트폰에서의 효과 사진 촬영법

효과에는 네거티브, 흑백, 세피아가 제공되며 효과적용을 취소하려면 없음을 다시 선택하면 된다. 네거티브는 괴기스럽고 우울하며 관객의 빛과 어둠에 대한 기대를 전복시켜 매우 비현실적인 이미지를 만드는데 이를 사용할 수 있는데 피사체를 보색(補色)의 상으로 표현한다. 흑백모드는 칼라사진을 그레이 단계로 보이도록 한 사진으로 표현한다. 세피아모드는 '세피아'라는 브라운 톤의 사진을 표현할 수 있도록 해준다.

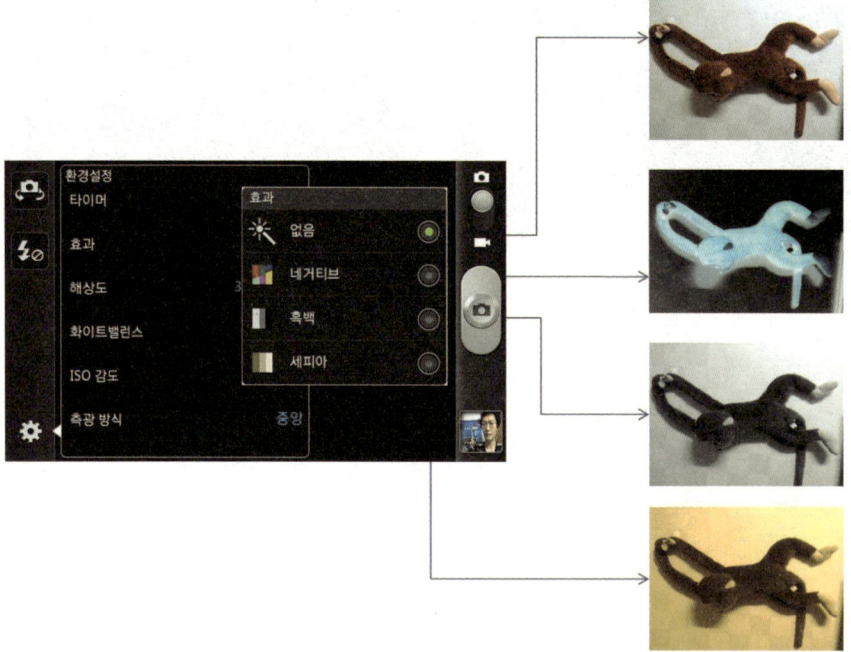

3. 스마트폰에서의 특수 사진 촬영법(푸딩 카메라 앱)

국내 업체가 개발한 푸딩카메라는 많은 스마트폰 사용자에게 인기가 있는 카메라앱이다. 전문적인 카메라 지식이 없어도 사용하기 쉽고 다양한 카메라의 효과를 누릴 수 있다.

푸딩 카메라를 작동하면 왼쪽에는 카메라 모양의 버튼을 터치하면 카메라의 종류를 선택할 수 있다. 카메라 모양의 버튼 위쪽에는 노출을 조정할 수 있는 다이얼이 위치한다. 사진촬영을 할 때는 다이얼이 일부분만 보이지만 다이얼을 터치하면 오른쪽으로 슬라이드되어 노출은 0.5만큼씩 조정을 할 수 있다. 조정은 다이얼을 돌리듯 드래그하면 조리개 수치가 증가하거나 감소한다. 상단 가운데 번개 모양을 터치하면 플래시를 켜고 끄고 하는 것이 가능하다. 번개모양 옆의 카메라 모양의 양쪽 아래에 화살표 있는 것은 전방 카메라와 후방 카메라를 전환할 수 있음을 뜻한다. 카메라를 들고 있는 사람 모양을 터치하면 푸딩카메라의 촬영을 손으로 화면을 터치하여 촬영할 수 있다. 카메라 셔터 위쪽에 위치한 둥그런 기어모양처럼 생긴 것은 설정 버튼이다. 이것을 누르면 아래의 이미지에서처럼 촬영한 사진의 저장 파일 크기를 설정하거나 위치정보사용 여부, 가이드라인 설정, 촬영 후 사진보기 등이 가능하다.

  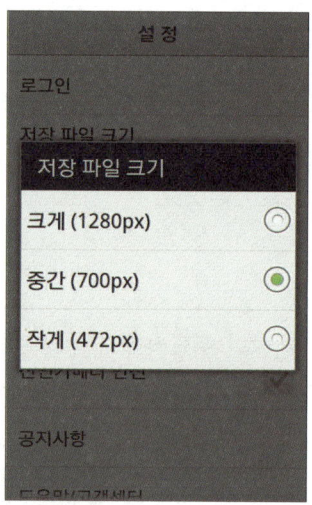

푸딩카메라 v1.3.4를 기준으로 보면 fantasy 50mm 1:1, motion2x2 37mm 4:3(4shots), motion x4 37mm 1:3(4shots)/, fisheye 37mm 1:1, basic 37mm 4:3, snap 45mm 5:3, panorama 37mm 1.85:1가 있다. 필름모드에는 베이직, 빈티지브라운, 빈티지블루, 버네팅, 대즐, 모노, 느와르, 비비드 등으로 구성되어 있다. 베이직은 기본효과이고, 빈티지브라운은 약간 따뜻한 색감의 효과이다. 빈티지블루는 파란색이 약간 강조되었고, 버네팅은 주위가 약간 검게 탄 듯 강렬하게 색을 대비를 주는 효과이다. 데즐은 밝고 화려한 효과이다. 모노는 흑백 효과이다.

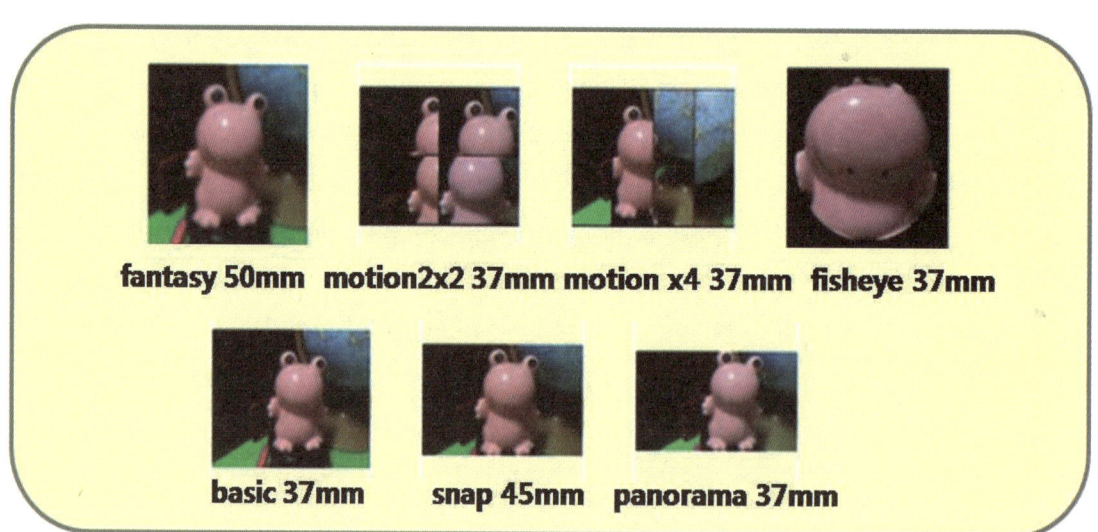

느와르는 다소 어두운 분위기의 효과이고, 비비드는 선명하고 강한 느낌을 주는 효과이다. 판타지(fantasy 50mm 1:1)는 좀 더 극적인 분위기를 살리기 위해 중앙은 또렷하고 주변은 흐린 효과를 주는 카메라이다. 판타지의 특징은 위의 오른쪽 개구리 사진을 보면 쉽게 알 수 있다.

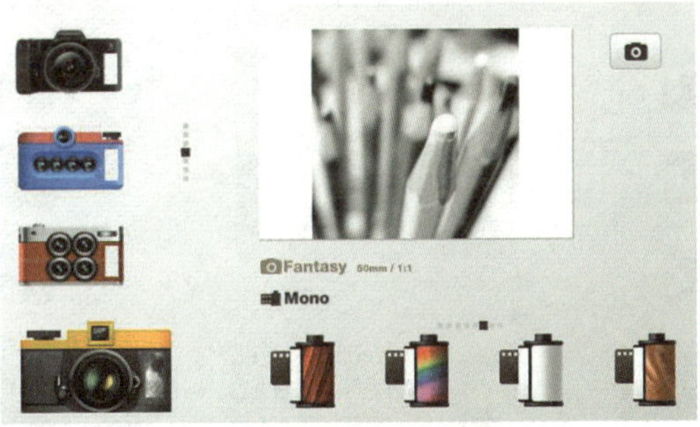

연속분할(motion2x2 37mm 4:3)사진은 4번의 촬영이 되어 정사각형 4개의 형태로 사진이 자동으로 분할된 사진이다. 다양한 표정이나 동작을 표현하기에 적합하다. 아래의 개구리 사진이 4분할로 나온 것을 보면 알 수 있다.

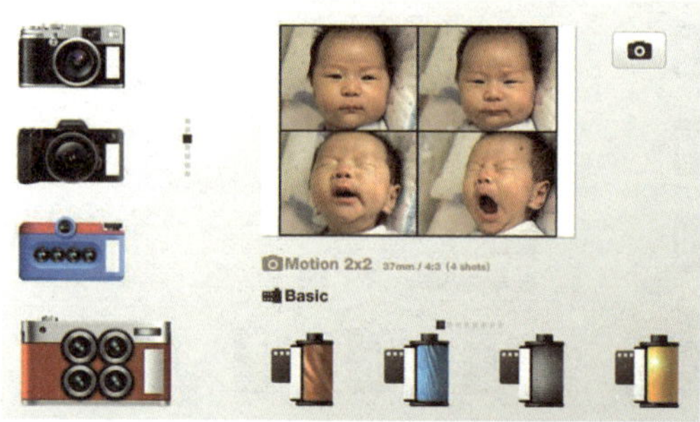

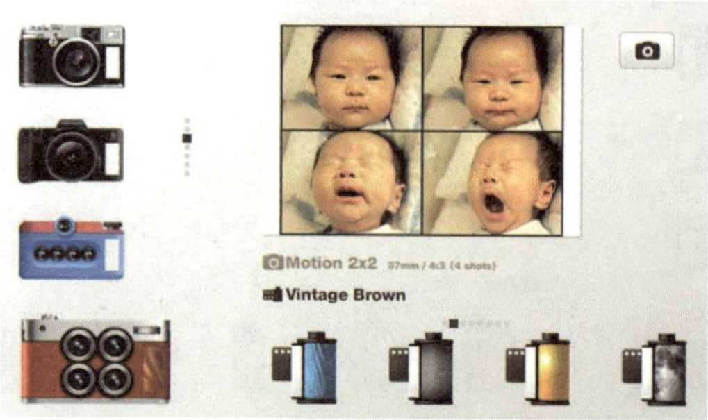

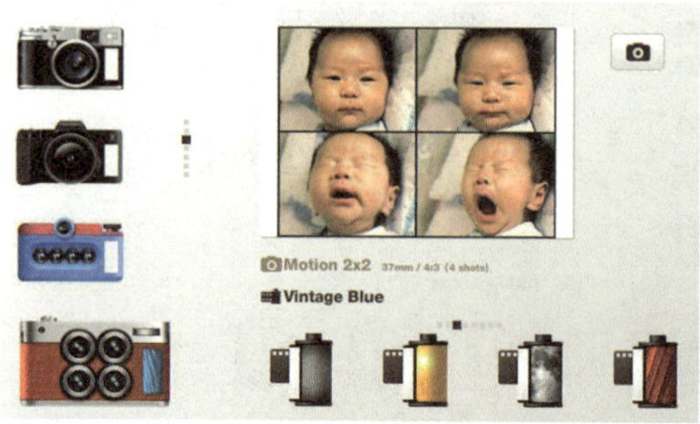

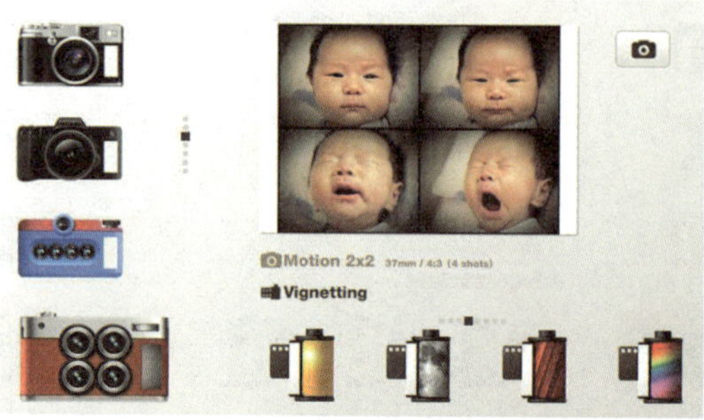

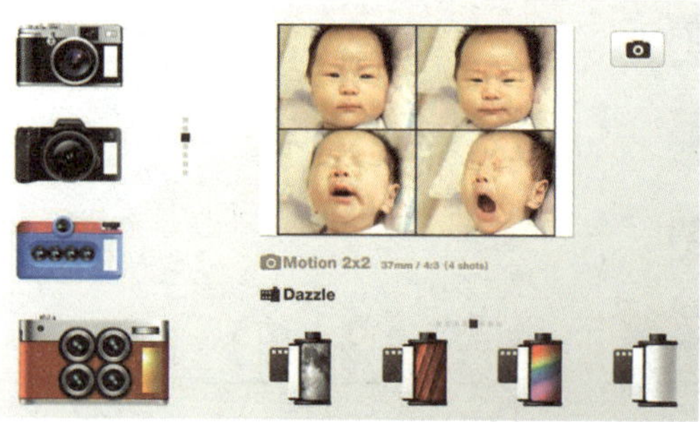

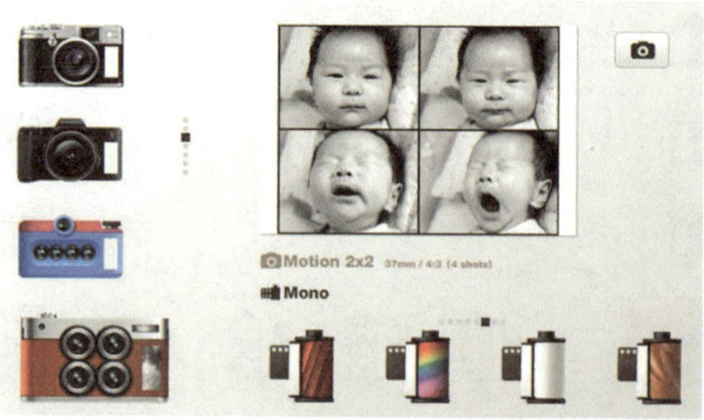

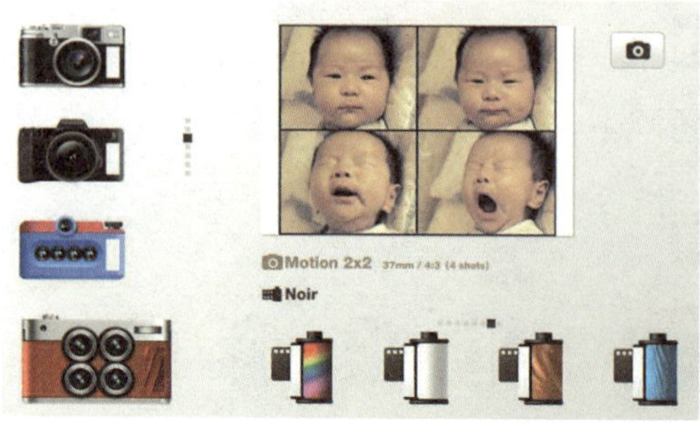

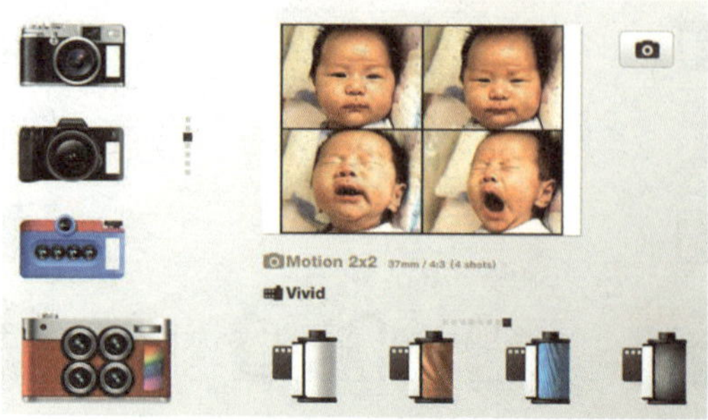

연속분할(motion x4 37mm 1:3)사진은 가로로 4개의 직사각형으로 분할된 이미지로 나타나는 사진이다. 한번의 촬영으로 4번 찍히는 카메라로 다양한 움직임을 담을 수 있다. 프레임을 고정한 상태에서 프레임 안에 대상이 움직이면 촬영이 더욱 효과적이다.

피시아이(fisheye 37mm 1:1)는 말 그대로 물고기의 눈처럼 180도의 넓은 화각을 가진 렌즈로 촬영할 수 있는 카메라이다. 위트있고 유머러스한 사진에 적합하다.

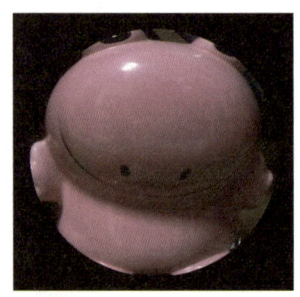

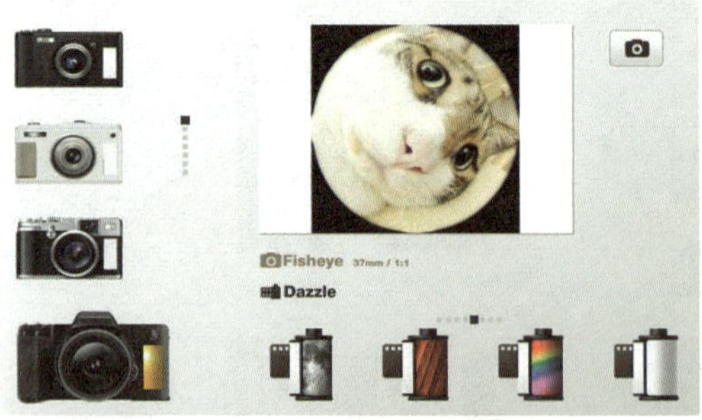

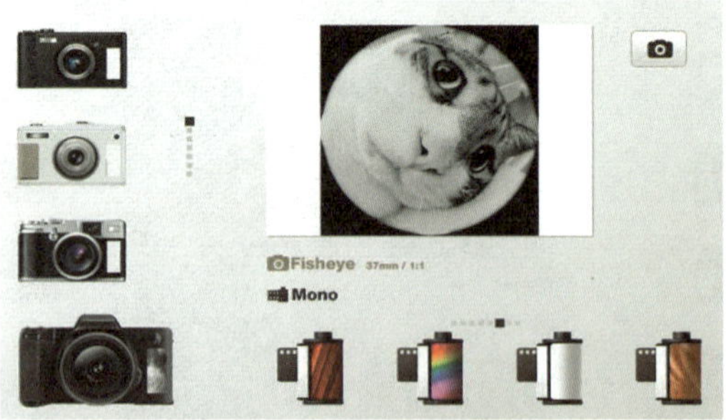

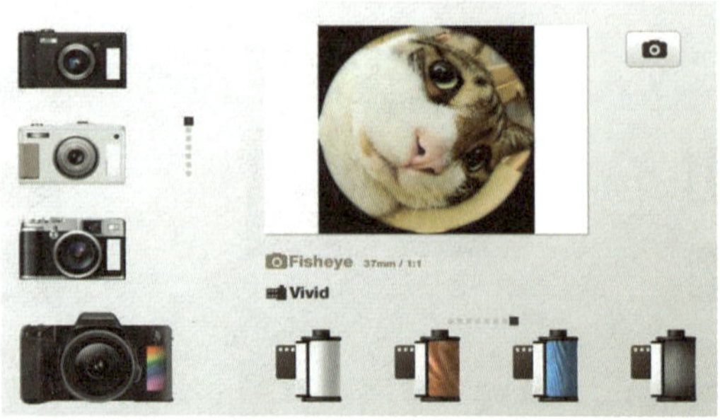

베이직(basic 37mm 4:3)은 기본형으로 특별한 효과 없이 사물을 찍는 카메라이다. 베이직카메라는 스냅카메라나 파노라마 카메라에서 보다는 촬영된 사진이 세로가 더 길게 보인다. 아래의 개구리 사진을 보면 일반 카메라로 촬영한 느낌임을 알 수 있다.

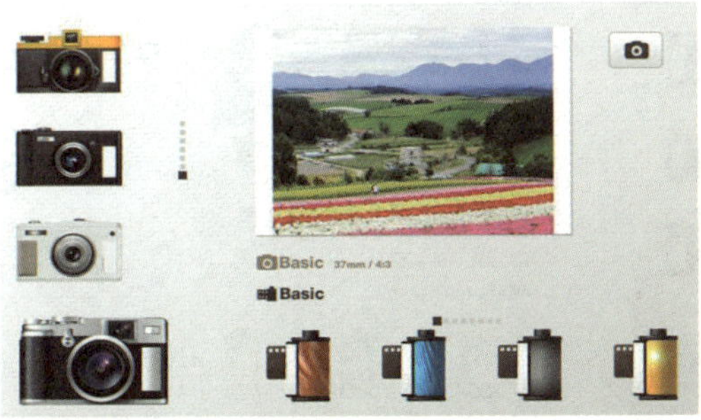

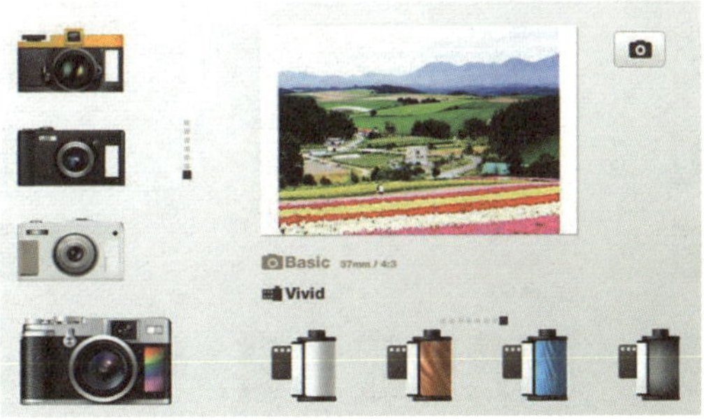

스냅카메라(snap 45mm 5:3)는 움직이는 피사체를 재빨리 찍는 소형 카메라를 말합니다. 스냅사진은 꾸미지 않고 보이는 그대로 찍는 것을 의미한다. 스냅사진을 잘 찍으려면 카메라의 기능을 최대로 활용해야 한다. 자동 초점 카메라에서 스냅사진을 찍으려면 셔터속도 1/125초 이상이 바람직하다.

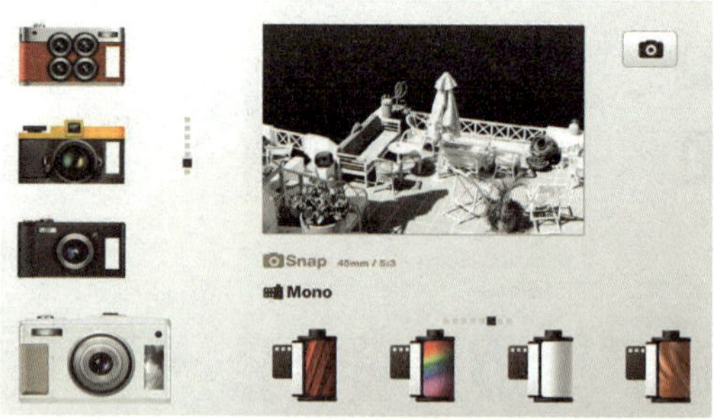

파노라마(panorama 37mm 1.85:1)는 광각도 카메라 또는 전경 카메라라고 한다. 사진기를 사용하여 360° 방향의 모든 경치를 사진 한 장에 담을 수는 없다. 대신 몇 장으로 나누어 촬영을 한 뒤 옆으로 길게 이어 붙여 한눈에 볼 수 있게 만든다. 파노라마 촬영을 할 때는 보통 카메라를 제자리에서 돌리며 찍는다. 와이드컬러 광고에 사용된다.

Ⅲ. 스마트 사진 편집 스튜디오 만들기

1. 스마트폰에서의 이미지(사진) 편집하기
2. 사진에 나만의 자막과 효과 넣기 (앱 PicSay)
3. 스마트폰에서의 화면 캡쳐하기
4. 나만의 개성있는 사진 액자 만들기(PhotoWonder앱)

1. 스마트폰에서의 이미지(사진) 편집하기

스마트폰을 구입했을 때 기본으로 설치되어 있는 포토에디터를 가지고 사진 편집활용을 어떻게 할 수 있는지 실제 촬영한 사진을 가지고 편집의 예를 알아본다. 스마트폰의 메뉴화면에서 포토에디터앱을 실행한다. 포토에디터의 초기화면에서 카메라를 촬영해서 편집할 수도 있고 이미 촬영한 사진이 있는 갤러리를 열어 편집할 사진을 선택할 수 있다. 편집실습의 예를 위해 얼굴 모양의 조각상의 사진을 선택한다.

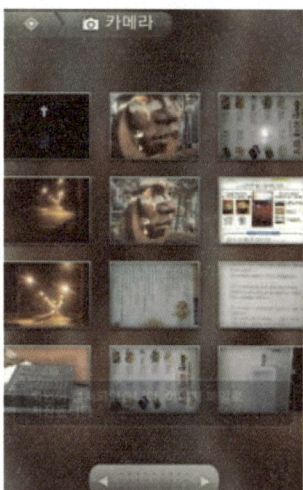

포토에디터로 선택한 사진이 올라와 있는 모습을 아래의 왼쪽 사진에서 볼 수 있다. 가운데의 이미지는 확대해서 본 모습이다. 오른쪽의 이미지는 위치를 이동시켜 본 사진이다.

다음은 사진을 회전해 본다. 세로로 촬영한 사진의 경우 종종 가로로 만들 필요가 있다. 이럴 때 유용하게 사용할 수 있다. 가운데 이미지와 오른쪽의 이미지는 각각 오른쪽으로 왼쪽으로 회전한 사진의 모습을 볼 수 있다. 회전의 방향이나 여백에 따라 사진은 느낌이 다르게 다가올 수 있으므로 편집자는 심미적 감각을 가지고 작업을 해야 한다. 다음으로 보여지는 이미지는 잘라내기를 한 것이다.

잘라내기에서는 자를 영역을 상, 하, 좌, 우로 설정하고 잘라야 작업의도에 적합한 사진을 얻을 수 있다. 아래의 오른쪽의 이미지는 잘라내기 한 후의 사진이다.

아래의 이미지는 선택 메뉴에서의 가능한 선택의 방법을 보여주고 있다. 선택 시 '새선택, 선택에 추가, 선택 반전, 지능형 선택 등이 가능하다. 선택을 위해서는 손가락으로 원하는 부분을 문질러 주면 선택할 수 있다.

 선택 메뉴에서 새 선택을 누름

 선택할 부분을 손가락으로 문질러 영역을 만듦

 사진의 선택된 영역을 회색음영 메뉴에서 수치를 조정한 결과 화면

 밝기 메뉴를 선택하여 밝기를 +4로 만들어 본 화면임

밝기 메뉴에서 +3으로 화면을 조정함

회색음영 메뉴에서 -3으로 수치를 조정한 화면임

사진편집에서 회색음영이나 밝기 조정, 대비 등을 할 수 있다. 또한 효과메뉴에서는 흐림효과, 렌즈흐림효과, 선형흐림효과, 방사형흐림효과, 고스트효과, 가속선효과 등이 가능하다.

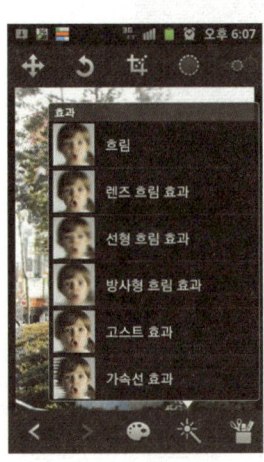 

효과 메뉴에서 각종 효과를 정하여 사진에 효과를 줄 수 있음

대비 메뉴에서 대비를 +4로 조정한 화면임

2. 사진 꾸미기 앱 다루기(PicSay)

스마트폰에서 재미있는 사진 편집을 경험할 수 있는 앱이 PicSay이다. 이 앱의 장점은 영상 효과의 광범위한 적용과 재미있는 소품 및 텍스트 효과가 쉽다. 플레이스토어에서 PicSay를 검색어로 입력하여 검색한 다음 해당 앱을 선택하여 설치버튼을 누르고 이어서 동의 및 다운로드를 진행한다.

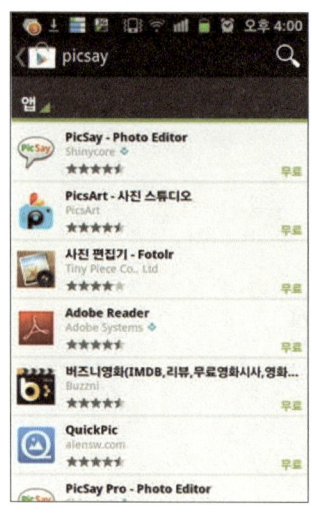  

설치가 진행이 100%까지 완료되면 열기를 누른다. 열기를 누르지 않을 경우에는 메뉴화면의 맨 마지막 페이지에 가면 설치된 PicSay 앱 아이콘을 볼 수 있다. 여기서 앱아이콘을 누르면 프로그램을 실행할 수 있다. 본 프로그램은 free lite버전을 기준으로 작성한 것이다. 앱의 초기화면에서 사진편집을 위해 그림 가져오기 (Get a Picture) 버튼을 누른다. 가져오기한 그림의 크기를 보통화질(427x320), 고화질(640x480), 최대화질(1024x768) 중에서 하나를 선택한다. 큰 사진 이미지를 가져오기를 원하면 'Use by default for large pictures'에 체크 표시해 사용하는 것도 가능하다.

아래의 왼쪽 그림은 처음에 가져오기를 한 다음에 올라온 사진의 이미지이다. 이제 편집을 하기위해 탭버튼을 누른다. 탭을 누르면 하단에 나타나는 메뉴를 볼 수 있다. 먼저 타이틀 작업을 해본다. 'ABC Title'을 터치하면 새로운 타이틀이 보여 진다. 문자입력란이 있고 바로 아래에는 다양한 타이틀 디자인을 볼 수 있게 배치된 것을 알 수 있다.

자막을 삽입할 때는 그림과 어울리는 문구를 넣는 것이 중요하다. 그림의 예에서는 '교통법규를 지켜야죠'를 글자입력란에 삽입한다. 그러면 타이틀 디자인의 맨 앞에 있는 흰글씨에 검정 테두리 형태가 자막에 적용된 것을 알 수 있다. 그러면 이번에는 다른 타이틀 디자인으로 바꾸어 보도록 한다. 타이틀 디자인 두 번째 줄의 세 번째 빨간색의 글씨와 흰색의 테두리로 되어 있는 템플릿을 적용한다. 글자입력란 상단에 바뀐 타이틀 디자인으로 적용된 것을 볼 수 있다.

타이틀 작업을 완료하고자 할 경우에는 상단 우측에 있는 녹색 체크 버튼을 터치한다. 글자 입력란 우측에 바로 있는 사각버튼을 누르면 'Insert Text'가 나온다. 여기서는 상용구나 위치정보, 날짜와 시간을 선택하여 사진에 넣을 수 있다.

입력된 글자의 폰트를 변경하려면 탭 버튼을 눌러 변경할 수 있다. 영어로 f글자를 선택하면 아래의 가운데 화면과 같이 7개의 영문 폰트가 나타난다. 영문으로 자막을 입력한 경우에는 폰트가 변경되는 것을 쉽게 확인할 수 있다. 하지만 지금은 한글 제목이라서 별다른 변화를 찾아 볼 수 없다. f옆에 'color'를 선택하면 글자의 색상을 변경할 수 있다. 채우기 색과 두 번째 채우기 색 그리고 아웃라인 색을 변경할 수 있다.

채우기 색을 선택한 경우 Hue, Saturation, Brightness 등을 조절해 색을 설정할 수 있다. 색을 새로 설정한 값에 따라 글자의 색이 바뀐 것을 볼 수 있다. 사진에 타이틀을 적용하기 위해서는 녹색 체크표시를 누른다. '교통법규를 지켜야죠' 문구가 사진에 적용된다.

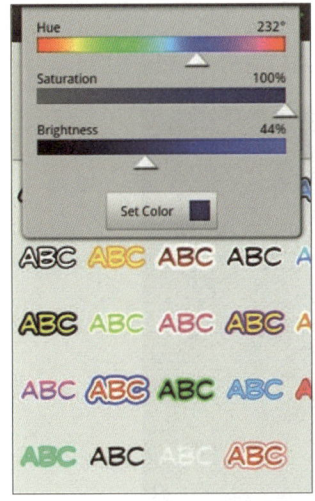  

글자자막을 위치를 끌어서 이동시킬 수 있는데 사각형커서의 꼭지점 위치에서 드래그하여 세로나 가로의 비율을 조정할 수 있고 또한 위치를 변경하는 것이 가능하다. 사진은 가로로 길게 늘어트린 글씨이다. 이어서 스티커를 선택하여 심볼을 삽입할 수 있다. 그림은 스티커를 선택했을 때 보여지는 사인과 심볼이다.

Ⅲ. 스마트 사진 편집 스튜디오 만들기 · 67

아래의 왼쪽 그림은 심볼 중에서 느낌표를 사진에 넣은 모습이다. 다음으로 탭을 터치하면 Export picture(save picture to SD card)를 누르면 편집된 사진이 스마트폰에 저장할 수 있다. 뿐만아니라 출력된 사진을 소셜미디어서비스나 메시지, 이메일, 메신저 블루투스 등을

이용하여 공유할 수 있다. 소셜미디어서비스와의 공유는 자신의 스마트폰에 설치된 소셜미디어가 있는 경우에 나타난다. 예에서는 네이버 블로그, 카카오스토리, 카카오톡, 트위터가이에 해당한다.

소셜미디어서비스에 공유의 예로 페이스북을 가지고 설명하고자 한다. 페이스북에 공유를 할 경우 페이스북에 편집한 사진과 글을 올릴 수 있다. 페이스북은 당연히 로그인 절차를 거쳐야 게시물을 쓸 수 있다. 편집중인 PicSay 프로그램을 종료한 후 다시 PicSay 프로그램을 실행시 화면의 우측 상단에 편집사진이 섬네일 크기로 보여지며 이를 클릭시 사진 편집을 할 수 있다. 탭을 눌러 더보기를 누르면 'delete all object'로 모든 오브젝트를 삭제하거나 'transform picture'로 사진을 변형시킬 수 있다.

'transform picture'에서 플립, 로테이트를 선택할 수 있다. 사이즈를 조정하거나 부분 자르기 등은 유료 앱인 프로 버전에서 가능하다. 플립에서 'flip horizontal' 기능을 선택하면 수평으로 편집사진이 뒤집어져 보인다. 플립에서 'flip vertical' 기능을 선택하면 수직으로 편집사진이 뒤집어져 보인다.

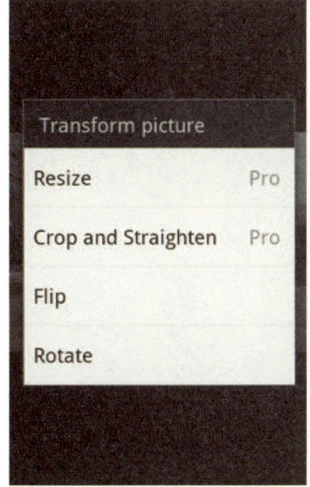

편집 중인 사진을 삭제하려면 탭을 누른 후 '더보기' 버튼을 누른 다음 'delete all object'를 누른다. 'delete all object'를 누르면 모든 말풍선, 타이틀, 스티커가 사라질 것이라는 주의문구가 나오는데 이때 'OK'를 눌러주면 작업 중인 타이틀 등이 없어진다. 스마트폰의 홈버튼 우측 옆의 되돌리기 버튼을 누르면 'PicSay'의 처음화면이 나타나는데 여기서 편집사진 섬네일을 누르면 편집 혹은 삭제를 선택할 수 있다.

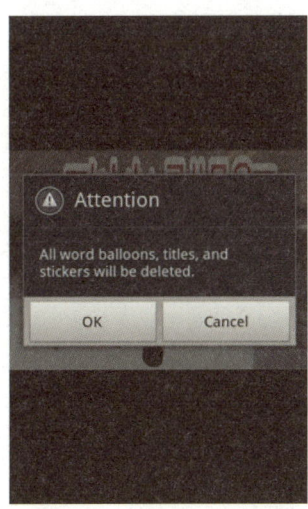
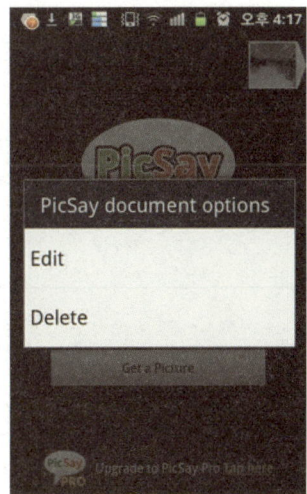

삭제를 선택할 경우 영구적으로 삭제될 것이라는 주의문구가 나타나는데 여기서 'OK'를 누르면 편집사진이 사라진다. 아래의 오른쪽 화면은 편집사진 섬네일이 사라진 초기화면의 모습이다.

3. 스마트폰에서의 화면 캡쳐

스마트 기기	캡쳐방법
갤럭시S4	• 홈키와 전원키를 동시에 누름(2초 정도) • 환경설정 → 내디바이스 → 모션 및 제스처 → 손바닥 모션 켜짐 후 원하는 화면에서 손 날을 화면에 대고 붙여서 오른쪽으로 이동
갤럭시S3	홈키와 전원키를 동시에 누름(1~2초정도)
갤럭시S2	• 홈키와 전원키를 동시에 누름(아샌용) • 홈키를 누른 후(눌러진상태 유지) 바로 전원키를 누름(진저용)
갤럭시S1	취소버튼을 길게 누른 상태에서 전원버튼을 잠깐 눌렀다 놓음
갤럭시 호핀	호핀 취소키와 오른쪽 옆의 전원버튼을 함께 누름
갤럭시 노트3	• 홈키와 전원키를 동시에 누름(2초 정도) • S펜에 붙어 있는 버튼을 누른 채로 캡쳐할 화면을 꾸욱 누름 • 환경설정 → 입력 및 제어 → 손바닥모션 켜짐 (화면캡처 켜짐) 후 원하는 화면에서 손 날을 화면에 대고 붙여서 오른쪽으로 이동
갤럭시 노트2	• 홈키와 전원키를 동시에 누름(2초 정도) • 펜의 버튼을 꾹 누른 상태에서 캡쳐할 화면을 꾹 눌러 줌
갤럭시 노트	S팬을 들고 회색버튼을 누른 상태에서 캡쳐하고자 하는 페이지를 꾸~욱 누름
갤럭시 탭	이전메뉴로 돌아가기 버튼을 누르면서 전원버튼을 함께 누름
G2	• 뒷면 전원 버튼과 볼륨 감소 버튼을 동시에 누름(1초 정도) • 탭 버튼 클릭 후 팝업 화면에서 '현재화면 캡쳐' 혹은 '전체 화면 캡쳐' 선택
옵티머스 G PRO	전원버튼과 볼륨 감소 버튼을 동시에 누름(1초 정도)
옵티머스마하	전원버튼과 홈버튼을 동시에 누름
옵티머스빅	전원버튼과 홈버튼을 동시에 누름
베가X	전원버튼과 홈버튼을 동시에 누름

3. 나만의 개성있는 사진 액자 만들기
(PhotoWonder앱)

안드로이드계열의 폰에서 플레이스토어앱을 실행한 다음 플레이스토어에서 'photowonder'를 검색한다. PhotoWonder앱 안내화면에서 '설치'버튼을 누르고 앱권한 관련 내용에 동의한다. 동의 후 PhotoWonder앱의 설치를 진행한다.

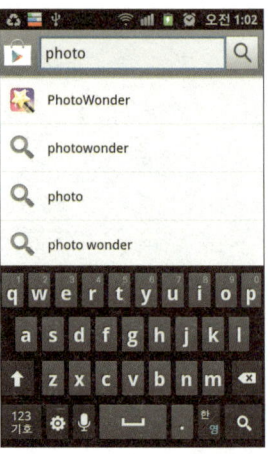  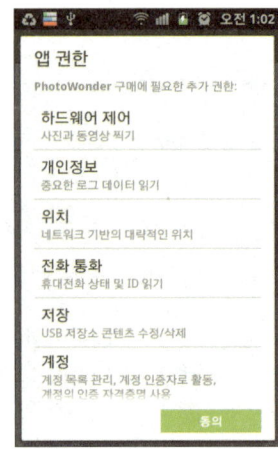

PhotoWonder앱 설치가 완료되면 '열기', '제거' 버튼이 나온다. 여기서 바로 '열기'를 하지 않고 닫는다. 스마트폰의 마지막 페이지에 가 보면 PhotoWonder앱 아이콘이 보인다. PhotoWonder앱을 실행하면 아래의 오른쪽 그림과 같이 초기 메뉴화면이 나타난다.

초기 메뉴화면에서 이미 촬영된 사진을 편집, 성형, 꾸미기, 특수효과, 프레임 등의 작업이 가능한 '편집', 프레임, 레이아웃, 배경 등을 변경할 수 있는 '콜라주' 메뉴, 여러 가지 필터를 미리 적용해 보고 촬영할 수 있는 '필터카메라', 꾸미기에 사용될 액세서리, 장난, 스티커를 다운받는 것이 가능하고 프레임이나 배경을 다양한 색과 모양으로 변경할 수 있는 '소재', 메뉴 그리고 WonderCamera앱을 다운받을 수 있는 '더 예뻐' 메뉴가 있다.

사진촬영을 위하여 먼저 '필터카메라' 메뉴를 실행한다. 촬영시 효과를 미리 지정해 촬영을 할 수 있는데 효과가 적용되지 않는 '원본이미지'부터, '로모효과', '가을', '흑백', '추억', '빈티지', '덧없는', '빛의 흐름', '고딕', '바다빛' 중의 하나를 선택하여 촬영할 수 있다.

사진촬영이 완료되면 편집을 할 수 있는데 편집메뉴를 누르면 '모자이크', '색조', '자르기', '반전과 회전', '선명하게', '아웃포커싱' 등의 편집을 수행할 수 있다.

편집메뉴에서 '모자이크'를 선택하여 지우개로 문지르면 모자이크 영역이 나타난다. 이때 지우개의 크기를 조정할 수 있다.

편집메뉴에서 '밝기'를 선택한 경우 사진의 밝기와 대비, 채도를 조정할 수 있다. 저장을 원할 경우에는 체크표시를 선택한다. 색조 적용을 원하지 않는 경우에는 엑스표시를 선택한다.

편집메뉴에서 '자르기'를 선택한 경우 선택한 영역만큼 부분 자르기가 가능하다. 뿐만 아니라 비율 자르기도 할 수 있는데 1:1, 1:2, 2:1, 2:3, 3:2, 3:4, 4:3, 16:9, 임의의 비율로 자를 수 있는 X:X 가 있다.

편집메뉴에서 '반전과 회전'은 사진의 방향을 시계반대방향, 시계방향, 수평회전, 수직회전이 가능하다. 편집메뉴에서 '선명하게'는 촬영된 사진의 피사체를 선명하게 조정할 수 있다.

촬영하고자하는 피사체는 선명하게 나오고 피사체 주위는 흐려지게 촬영하는 것이 아웃포커싱이다. 실제 사진을 아웃포커싱으로 촬영할 때에는 조리개 수치를 작게하고 가능한 한 사물에 가까이 대고 찍는 것이 좋다.

WonderCamera앱의 **편집메뉴에서 아웃포커싱**은 플러스와 마이너스로 조정함에 따라서 아웃포커싱의 범위를 정할 수 있다. 흐림의 효과에는 원형흐림효과와 선흐림효과를 사용할 수 있다.

편집을 다한 경우에는 **편집메뉴에서 '저장 및 공유'**를 눌러서 페이스북, 트위터, 카카오톡, 이메일, 블루투스 등으로 공유할 수 있다.

 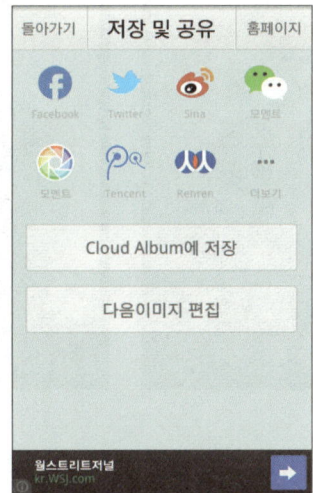 

공유를 카카오스토리에 한 경우를 보면 사진을 첨부하고 글입력란에 글을 입력한다음 '올리기' 버튼을 누르면 카카오스토리의 내스토리에 사진과 글이 올라간 것을 확인할 수 있다.

 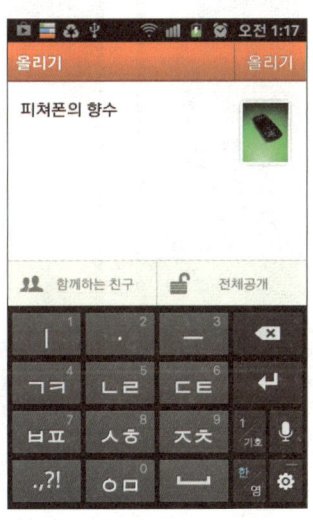 

'성형' 메뉴를 선택하면 '미백효과', '스마트뷰티', '갸름하게', '눈확대', '잡티제거', '아이라이너', '볼터치', '부분미백', '레드아이제거'가 있다. '미백효과' 메뉴를 선택한 경우에는 얼굴과 피부톤이 뽀얗게 변한다.

'성형 메뉴'에서 스마트 뷰티는 얼굴형을 갸름하게 하거나 눈을 확대하는 것이 가능하다. 갸름하거나 눈이 확대된 정도의 조정은 아래의 화면에서처럼 진행한다.

'성형' 메뉴 중 '아이라이너'를 실행하면 눈에 사각형 타겟이 생긴다. 이때 회전각도와 크기 등을 설정할 수 있고 아리라이너의 모양을 선택하여 적용할 수 있다. 아이라이너가 너무 진해 보이는 경우에는 투명도를 적절히 조절하면 자연스럽게 보일 수 있다.

 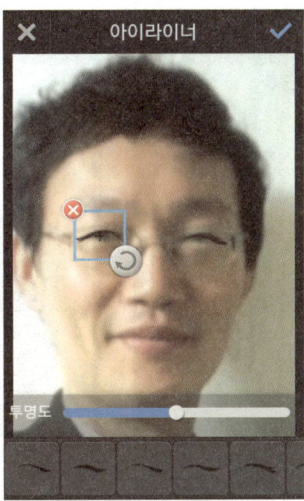 

볼이 발가스레하게 만들고자 한다면 **성형메뉴 중 '볼터치'**를 선택하여 화장한 것처럼 사진을 변경할 수 있다. 부분 미백이 필요한 경우에는 '부분미백'을 실행한 다음 원하는 부위에 손으로 터치하면 미백 효과가 적용됨을 알 수 있다.

꾸미기 메뉴에서는 '액세서리', '장난', '스티커', '브러쉬', '말풍선'의 편집이 가능하다.

'액세서리'를 선택하면 리본, 안경, 모자 등의 개체를 불러와 꾸미는 것을 할 수 있다. 사진에서는 선그라스를 적용한 예이다.

'장난' 이나 '스티커', '브러쉬' 등을 이용해 다양한 꾸미기 활동을 할 수 있다. 장난끼 있는 스티커를 활용하여 재미있는 사진을 만들 수도 있고 브러쉬를 활용하여 사진 위에 필기 느낌이 살아있는 글씨를 표현하는 것도 재미있다.

말풍선에는 여러 가지 말풍선 모양을 선택하여 말풍선에 글씨를 입력할 수 있다. 또한 말풍선의 위치나 말풍선 꼬리의 위치도 변경이 가능하다.

특수효과 메뉴를 선택하면 '인물' 탭에서는 '자연', '미백', '가을', 'Pink', '큐트', '빈티지', ';추억' 등의 효과를 '클래식' 탭에서는 '로모효과', '캐슬', '세월', 'HDR', '클래식HDR', '덧없는', '아트', '파란색조', '광채', '우아한', '달콤한', '흑백' 등의 효과를 ' 장면 탭에서는 'Sunny', '따뜻한', '눈', '네온', '시간여행' 등의 효과를 '아트' 탭에서는 '노란빛', '천국', '팁블루', '유화', '스케치', '흘러간 시간', '팝', '빨간색', '보라색', '꿈같은', '포지티브' 등의 효과가 가능하다.

특수효과를 적용한 사진을 보면 캐슬효과, 눈효과, 천국효과를 적용한 사진이다. 프레임메뉴에서 '프레임' 탭을 누르면 프레임의 유형을 선택할 수 있고 데코액자탭에서는 장식되어 있는 액자로 멋진 편집을 할 수 있다.

초기 메뉴에서 '콜라주'를 선택하면 사진을 9개까지 선택하라고 한다. 예에서는 4개의 사진을 선택하여 콜라주를 실행한다. 하단의 레이아웃을 선택하고 원하는 배경도 선택할 수 있다. 레이아웃과 배경을 선택하였다면 '저장 및 공유' 버튼을 눌러 파일을 저장하거나 공유할 수 있다. 예에서는 네이버 카페의 '강서UCC동호회'에 콜라주한 사진을 업로드하는 모습이다. 마지막으로 도구관리에서는 '꾸미기'에서는 '액세서리', '장난', '스티커' 등을 다운로드 받을 수 있고, 프레임에서는 '프레임', '레이스 프레임', 배경에서는 '템플릿프레임'을 다운로드 받을 수 있다. PhotoWonder앱은 사진을 촬영해서 재미있게 꾸미기에 좋은 실용적인 앱이다.

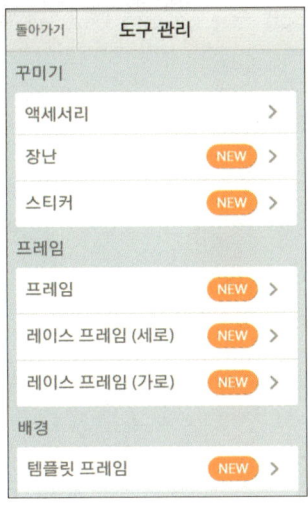 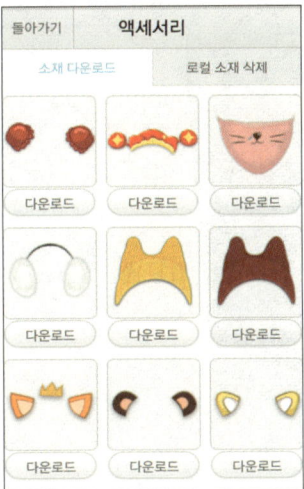 

Ⅲ. 스마트 사진 편집 스튜디오 만들기 ● 81

Ⅳ. 스마트 영상 PD 되기

1. 스마트폰에서의 동영상 촬영법

2. 스마트폰에서의 동영상 편집하기

3. 스마트폰에서 동영상 효과 넣고 제작하기
   3.1 나만의 스마트 편집 스튜디오 -안드로이드 스튜디오(Android Studio)앱
   3.2 나만의 스마트 편집 스튜디오 -Splice앱

4. 스마트폰에서 스토리보더앱을 활용한 스토리보드 만들기

1. 스마트폰에서의 동영상 촬영법

스마트폰을 가지고 촬영을 잘하기 위해서는 바른 자세가 중요하다. 왼손의 엄지는 아래쪽을 받쳐주고 검지는 위쪽을 잡아주고 중지는 옆면을 밀착시켜 준다. 오른손의 엄지는 아래쪽을 받쳐주고 검지는 위쪽을 잡아주고 중지는 옆면을 밀착시켜 준다. 촬영녹화 버튼을 누를 때는 오른손의 엄지를 활용한다.

촬영시 주의할 점은 왼손의 손가락으로 카메라 렌즈의 일부나 플래시를 가리지 말아야 한다. 또 수평과 수직이 잘 이루어지도록 균형을 잡고 양팔은 몸 가까운 쪽으로 카메라와 양팔이 삼각형 모양을 이루도록 한다. 촬영 시 좋은 구도를 얻기 위해서 가이드선을 활성화시켜 촬영할 때 참고를 하면 좋다. 위의 왼쪽 그림은 스마트 캠에서 촬영할 때 설정할 수 있는 서브 메뉴를 한꺼번에 보여주고 있다. 노출값, 타이머, 효과, 해상도, 화이트밸런스, 야외자동밝기조절, 동영상 화질, 안내선 표시, 리뷰 등의 기능을 조절할 수 있다. 오른쪽 그림에서 오른손 손가락이 터치하기 쉬운 곳에 녹화버튼이 있고 카메라와 캠코더의 전환 슬라이더가 위치한다. 스마트 캠에서 촬영모드는 일반촬영, MMS첨부용, 셀프가 있다. MMS첨부용은 일반촬영용 보다 용량이 적기 때문에 이메일에 첨부하거나 문자보낼 때 간단하게 동영상을 첨부하여 전송할 때 사용한다. 셀프는 자신의 모습을 촬영할 때 사용하는 모드이다. 플래시는 사용을 원하는 경우에 설정으로 하면 녹화버튼을 눌렀을 때 플래시가 동작한다. 촬영시간이 길 때는 플래시로 인하여 배터리가 빨리 소진될 수 있으니 주의해야 한다.

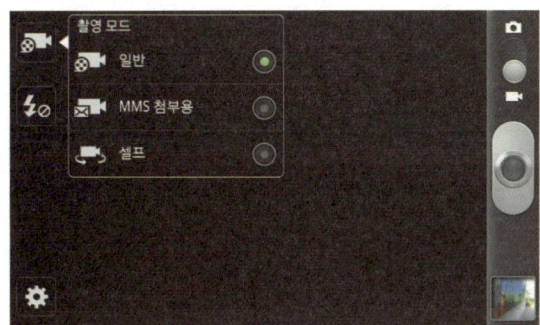 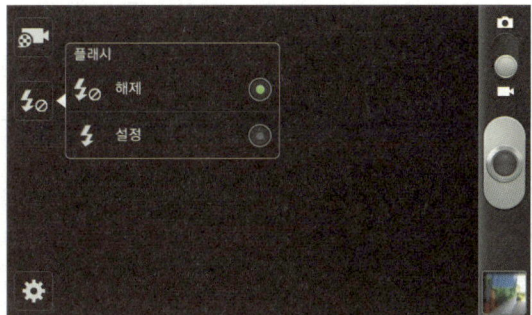

노출의 조정은 디카에서의 노출조정과 같은 방식으로 손으로 터치하여 드래그하면서 +2에서 -2까지 조정을 하면 피사체가 밝게 보이다가 차츰 어두워지는 것을 느낄 수 있다. 타이머는 녹화버튼을 누른 후 몇 초 후에 녹화되는 지를 나타내는 알려준다.

 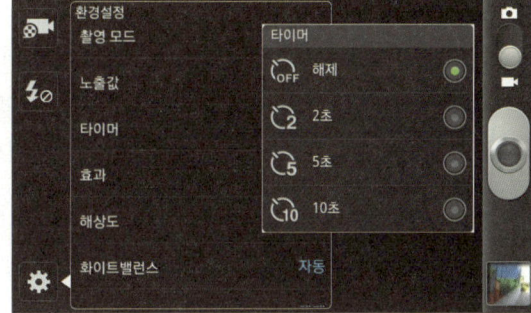

효과는 네거티브, 흑백, 세피아 중 선택된 효과를 사용하여 촬영하는 동영상에 적용시켜 준다. 해상도는 영상의 품질을 뜻한다. 최고 1920X1080부터 176X144까지 설정이 가능하다. 스마트 캠에서 줌기능을 사용하고자 할 때에는 최고 품질(갤럭시S2에서는 1920X1080)보다 아래의 품질을 선택해야 한다.

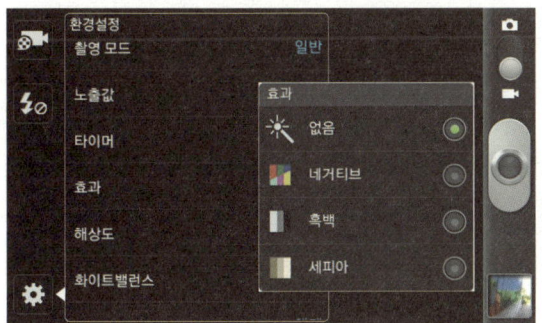 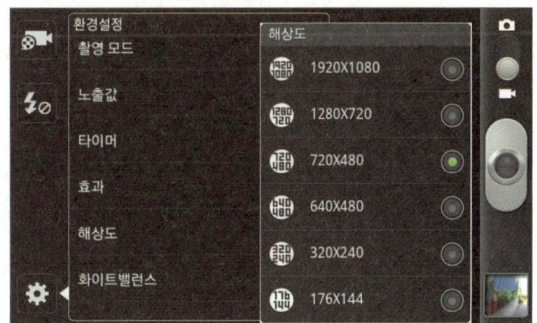

화이트밸런스는 자동, 태양광, 흐린날, 백열등, 형광등의 조정이 가능하다. 맑은 날 운동장 한가운데서 촬영을 한다면 태양광으로 설정해야 하고, 나무 숲 속 그늘에서 촬영을 한다고 하면 흐린날로 설정하면 된다.

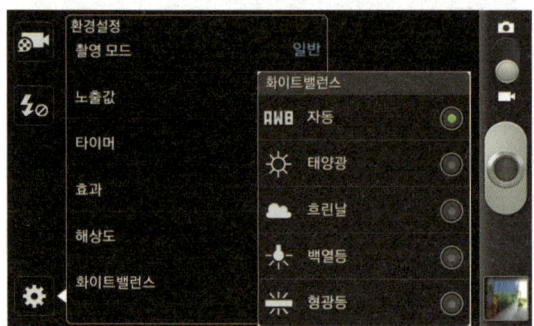 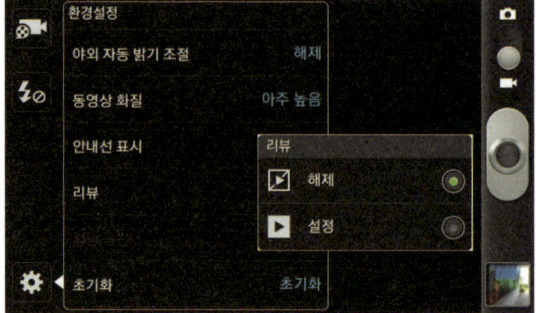

실내 무대에 백열등 조명이 있는 경우에는 화이트밸런스를 백열등으로 하고, 사무실과 같이 형광등이 많이 있는 실내에서는 형광등으로 화이트밸런스를 조정한다. 영상의 분위기를 고려한다면 따뜻한 색감이 있는 백열등이 있는 곳에서 촬영하면 형광등에서보다 더 좋은 영상을 얻을 수 있다.

2. 스마트폰에서의 동영상 편집하기

스마트폰에서 가장 쉬운 영상편집 툴- 매지스토(Magisto Video Editor & Maker)

일반적으로 사람들은 영상편집하면 어렵게 생각한다. 더군다나 스마트폰에서의 영상편집하면 매지스토와 같이 쉬운 영상편집앱이 있음을 알지 못하는 경우가 많다. 지금부터 매지스토앱을 소개하고자 한다. 매지스토앱 프로그램의 특징은 손쉽게 빨리 내가 원하는 영화를 만들 수 있고, 효과가 자동으로 들어가며, 인트로 영상과 아웃트로 영상을 자동 생성시켜 준다. 그리고 기본 BGM을 간단한 클릭을 통해 영상에 삽입할 수 있고, 테마 선택을 템플릿 형태로 제공하며 제목 삽입이 가능하다.

안드로이용 스마트폰에서 매지스토는 마술같은 비디오 편집기로 누구나 단지 찍고 나면 매지스토는 멋진 영상으로 변환해 주며 SNS에서 친구들과 재미있고 쉽게 비디오영상을 공유할 수 있다. 영상편집에 울렁증 있는 분들 한 번 써보시길 강력 추천하는 바이다.

 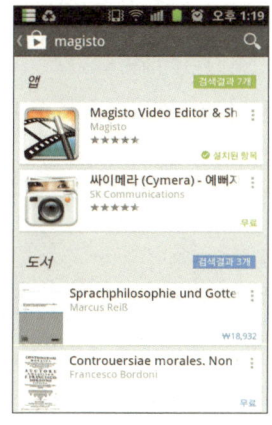 

플레이스토어에서 검색창에 magisto를 입력하여 검색한다. 앱 리스트 항목 중에서 Magisto Video Editor & Sharing 앱을 다운로드해 설치한다. 설치가 완료되면 자신의 스마트폰 맨 마지막 페이지에서 매지스토(Magisto) 아이콘을 볼 수 있다. 스마트폰의 카메라앱에서 동영상을 촬영했다고 한다면 그 다음엔 이제 매지스토 앱을 클릭하여 누구나 쉽게 동영상을 편집할수 있다.

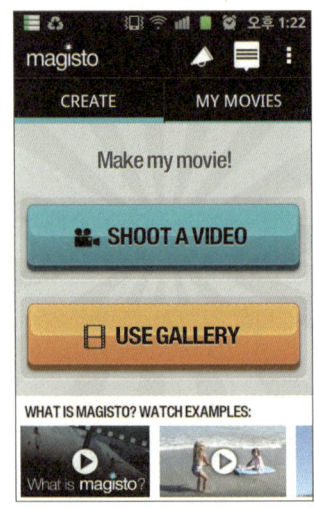  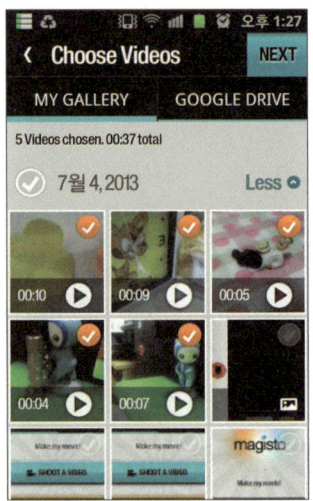

맨 처음 매지스토앱을 실행하면 로그인 화면이 나온다. 이 로그인 화면에서 가입을 하면 되고 만약에 기존의 구글계정이나 페이스북 계정이 있는 사용자라면 구글계정이나 페이스북 계정만 입력하면 바로 사용할 수 있다. 로그인 절차가 끝나면 '내 동영상을 만드세요.' (Make my movie!)라는 메시지가 있다. 메시지 바로 아래에는 '비디오 촬영' (shoot a video), '갤러리 사용' (use gallery) 버튼이 있다.

'비디오 촬영'을 하는 경우에는 버튼을 눌러 촬영하면 완료된 촬영은 영상클립이 우측에 썸네일 형태로 보이는 것을 알 수 있다. 촬영은 여러번 할 수 있으며 촬영이 완료되면 '다음' (next) 버튼을 누르면 편집화면으로 넘어간다. 촬영 시 주의할 점은 한 영상클립이 5초 이상의 영상이 되도록 촬영해야 한다. 그리고 기존에 촬영한 영상을 사용할 경우에는 바로 '갤러리 사용' (use gallery) 버튼을 눌러 원하는 영상에 체크 표시를 한다. 이때 선택한 영상의 시간길이의 합은 45초 이상의 되게 한다.

영상 편집에 들어가면 먼저 할일은 테마를 선택하는 것이다. 테마에는 'summer', 'fashion', 'so cute', 'street beat', 'let's party', 'love' 등 다양하다. 자신의 영상과 어울리는 테마를 선택한다. ' draw a video' 테마의 경우에는 인트로, 프레임, 이펙트를 선택하는 옵션이 있는 경우도 있다.

 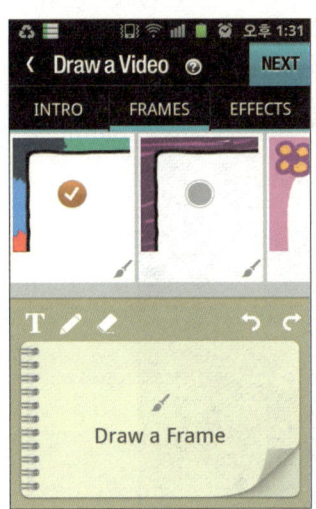 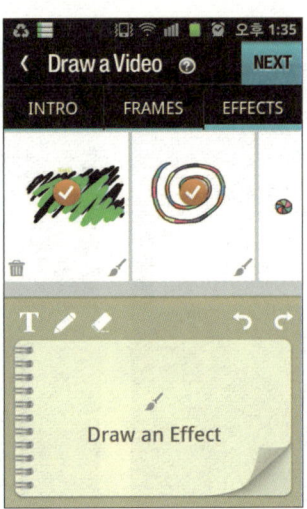

위의 화면은 인트로, 프레임, 이펙트를 각각의 유형 중 맘에 드는 옵션을 선택할 수 있다. 여기에서 선택한 내용은 완성된 영상에 적용되어 나타난다.

테마를 선택한 다음에 해야 할 일은 음악(choose music)을 선택하는 것이다. 원하는 음악의 유형을 선택한다. 마지막으로 요약(summary) 화면에서 원하는 제목을 적은 다음 화면의 하단으로 내려가서 'make my movie' 버튼을 누른다.

매지스토는 이제 영상을 완성된 형태의 영상으로 만들기 위해 렌더링을 한다. 렌더링 되는 동안에는 'We are making your movie'라는 메시지를 표시하고 있다. 완성된 영상은 'my movies' 메뉴에서 감상할 수 있다.

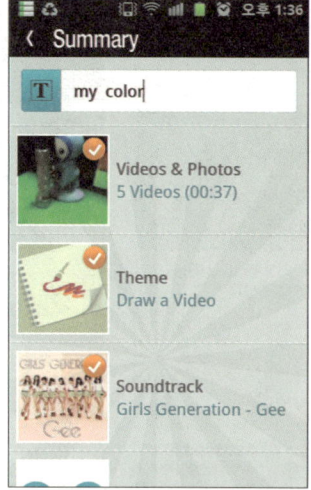
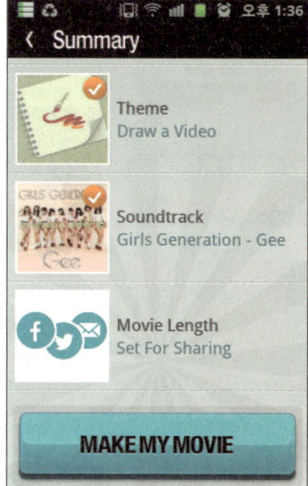

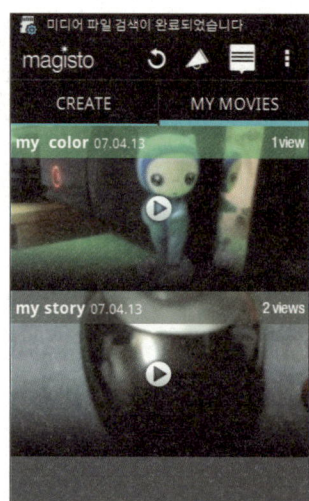
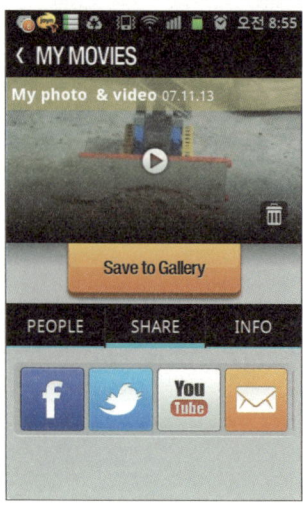
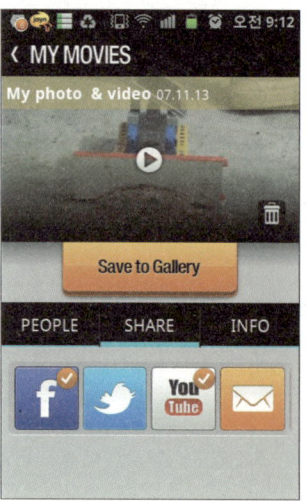
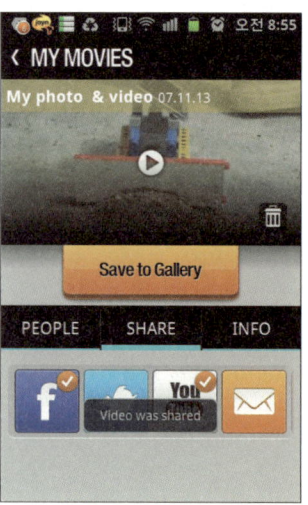

영상을 가볍게 터치하면 위 화면 처럼 '갤러리에 저장'(save to gallery)가 나타난다. 이때 'save to gallery'을 누르면 갤러리에 영상이 저장된다. 그리고 영상을 공유하기를 원하면 페이스북, 트위터, 유튜브, 이메일 버튼 중 원하는 버튼을 누르면 성공적으로 영상을 공유할 수 있다. 단, 먼저 각각의 계정 연결이 이루어져야 한다. 공유하기 버튼을 누르면 체크 표시가 생기며 잠시 후 공유가 성공적으로 이루어진 경우 'Video was shared' 라는 메시지가 잠시 보인다. 이것은 공유에 성공했다는 메시지이다. 유튜브 계정 연결이 안 된 경우는 다음에서 보여지는 화면과 같이 구글 프폴필 만들기 절차를 실행해야 한다.

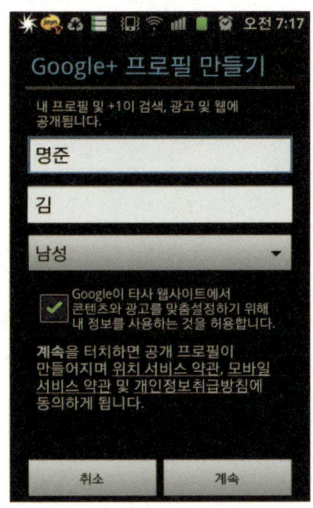  

내 프로필 공개를 위해서 이름과 성을 입력하고 성별을 구분해 준다. 다음으로 '계속' 버튼을 누르면 위의 가운데 화면과 같은 내용이 나온다. 여기에서 내 서클에 체크표시하고 '다음' 버튼을 누른 다음에 아래의 '확인' 버튼을 누르면 유튜브를 사용할 수 있다. 아래의 화면은 페이스북과 유튜브에 공유한 결과의 예시 화면이다.

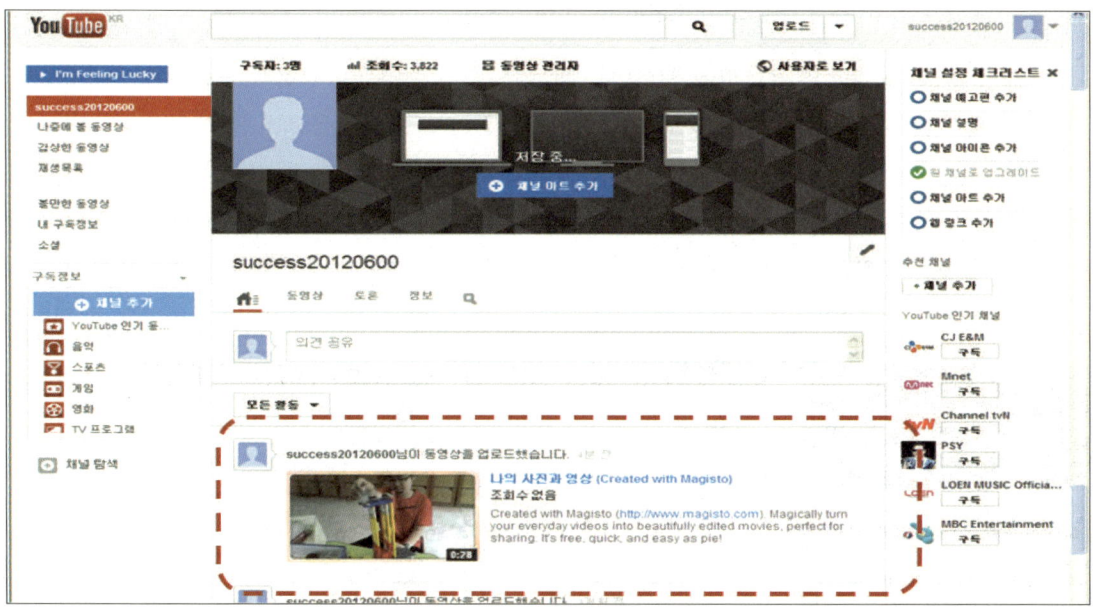

3. 스마트폰에서 동영상 효과 넣고 제작하기

스마트폰에서 비교적 단말기에 영향을 덜 받고 동영상 편집을 할 수 있으면서도 무료인 프로그램으로 안드로이드 계열에서는 Android Studio앱를, 아이폰의 iOS계열에서는 Splice앱으로 설명한다.

3.1 나만의 스마트 편집 스튜디오 –안드로이드 스튜디오(Android Studio)앱

안드로이드 스튜디오는 단순 영상편집 및 여러 가지의 다양한 영상편집 기능을 지원한다. 새로운 비디오 영상 촬영이 가능하고 컷 편집, 트림 편집, 회전과 플립 , 페이드, 영상의 일부 영역에 박스 삽입이 가능하고 사용자 음악 삽입이 자유롭다. 특수효과를 추가로 구매하여 적용할 수도 있다.

 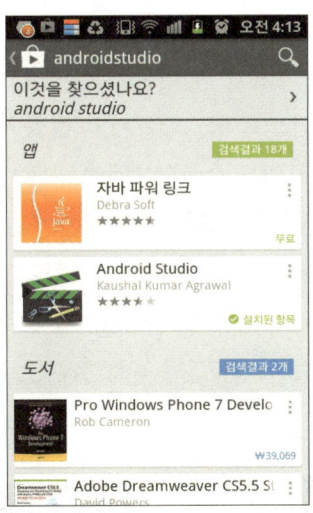 

안드로이드 스튜디오의 설치요령을 살펴보면 플레이스토어에서 검색창에 Android Studio를 입력한다. 검색 리스트에서 Android Studio가 나오면 클릭하여 앱을 설치한다. 앱 설치가 완료되면 스마트폰의 맨 마지막 페이지에 Android Studio 앱 아이콘이 보임을 알 수 있다.

 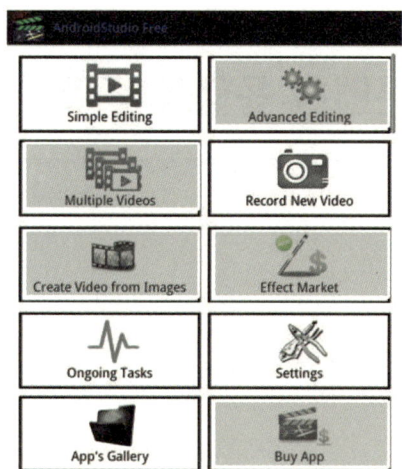

안드로이드 스튜디오 앱을 실행하면 편집과 관련된 주메뉴가 나타난다. 주메뉴 중 회색으로 표시된 부분은 무료버전에서는 사용이 불가능한 메뉴이다. (회색은 교재에서 기능이 안됨을 알리기 위해 표시한 부분임)

무료버전(Free)에서 사용이 가능한 부분은 Simple Editing, Record New Video, Ongoing Task, Setting, App's Gallery이다. Simple Editing은 안드로이드 스튜디오의 편집기능 살펴보기에서 자세히 설명할 것이다. Record New Video는 새로운 비디오를 촬영하고자 할 때 사용하는 메뉴이다. Ongoing Task는 편집 작업 중 중단하고 안드로이드 스튜디오 앱을 빠져 나갔다가 다시 편집기능을 계속하고자 할 때 사용하는 메뉴이다. 안드로이드 스튜디오앱에서 Setting은 안드로이드 스튜디오 앱에서 사용하는 기본 비디오 코덱을 설정할 수 있는데 MPEG4-good quality, fast processing으로 선택하거나 H.264-best quality, slow processing으로 선택할 수 있다.

출력 디렉토리 설정은 오디오/비디오/이미지에 대해서 각각 별도로 폴더로 설정이 가능하다.

설정에서 폰트를 추가로 다운로드 받을 수 있는 기능이 있다. 기본으로 설치되어 있는 폰트는 영문폰트이다.

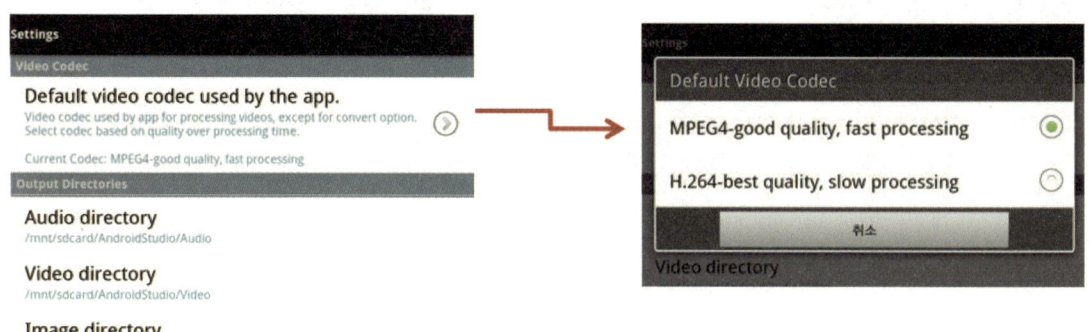

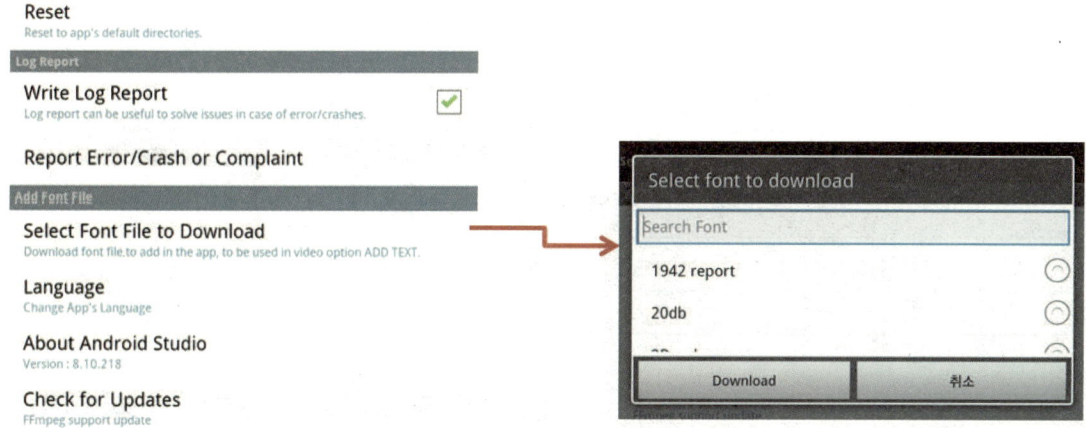

Android Studio앱에 한글 폰트 적용 방법은 먼저 스마트폰과 PC를 스마트폰 연결케이블로 연결해야 한다. 내 컴퓨터에서 폰트가 있는 폴더(내컴퓨터 → c드라이브 → windows → Fonts)로 가서 폴더 내 한글 폰트 중 복사를 원하는 한글 폰트를 복사하여 스마트폰의 Android Studio 폴더 내에 있는 서브 폴더인 font폴더에 파일을 복사한 다음 스마트폰을 리부팅 해주면 한글폰트가 적용됨을 볼 수 있다. 적용된 한글 폰트는 Simple Editing의 Add Text에서 한글 자막을 사용하고자 할 때 한글 폰트 선택이 가능하다.

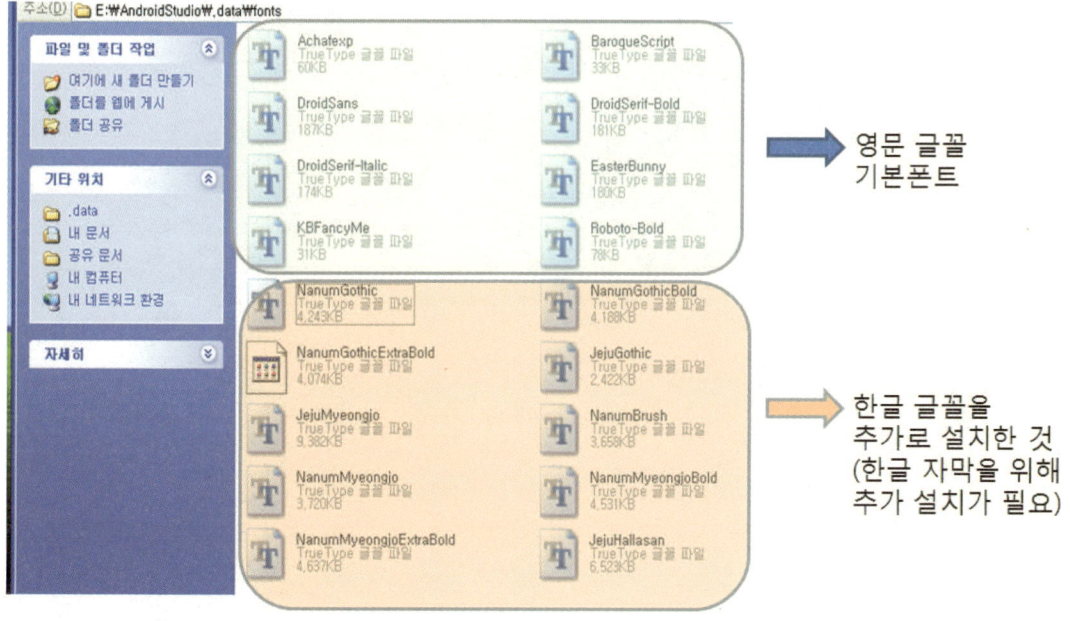

위의 그림은 스마트폰을 컴퓨터에 연결된 상태에서 안드로이드 스튜디오앱의 폰트 폴더에 한글폰트가 설치된 것을 볼 수 있다.

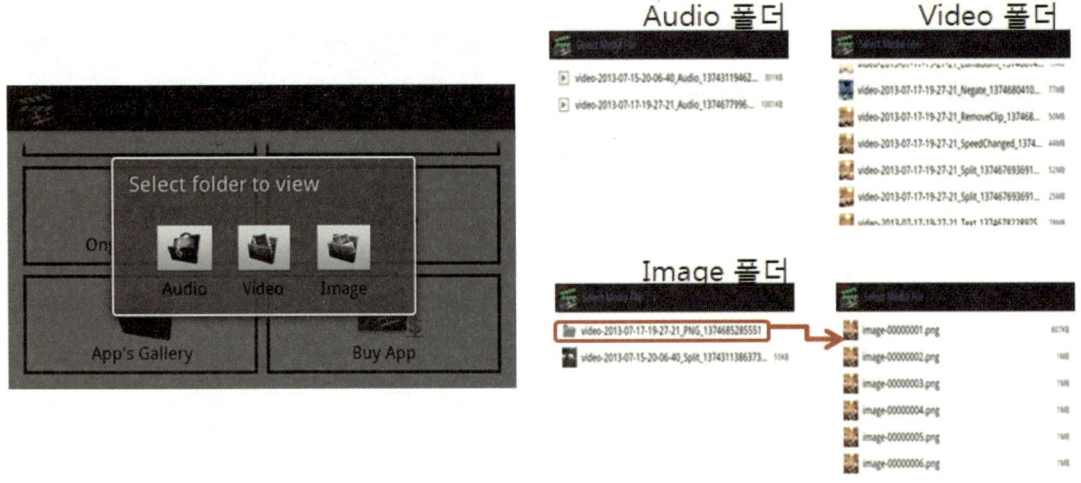

안드로이드 스튜디오의 App's Gallery메뉴를 클릭하면 팝업으로 보려는 폴더를 선택하라고 'Audio, Video, Image'폴더에 접근할 수 있는 작은 버튼이 활성화 한다. 각각의 버튼을 누르면 오디오 폴더나 비디오 폴더, 이미지 폴더에 있는 파일을 살펴 볼 수 있다. 안드로이드 스튜디오앱 사용 시 내장메모리에 영상이 있는 경우에는 스마트폰의 DCIM폴더에 확인할 수 있고, 외장메모리에 영상이 있는 경우는 external_sd -> DCIM -> Camera 폴더에서 영상을 확인할 수 있다.

■ 안드로이드 스튜디오 앱의 편집기능 살펴보기

안드로이드 스튜디오의 앱의 편집 주 메뉴에서 Simple Editing을 들어가면 18가지의 편집기능이 나오는데 주요한 편집기능에 대해서 다음에서 설명하고자 한다.

[Split Video]

영상클립을 하나에서 두 개로 나눌 때 사용하는 메뉴이다. 분할하고자 하는 영상을 선택하고 영상을 재생하여 원하는 분리지점을 찾은 다음 오른쪽 상단의 체크표시를 클릭하면 아래의 그림에서처럼 *split_A영상과 *split_B영상으로 나눌 수 있다.

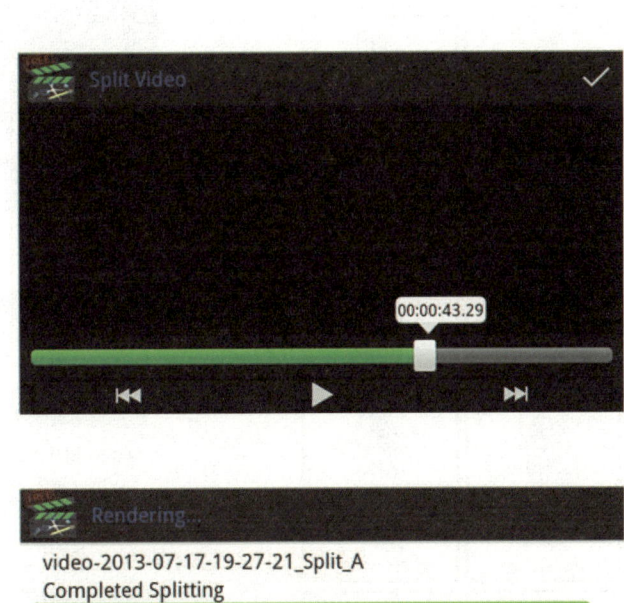
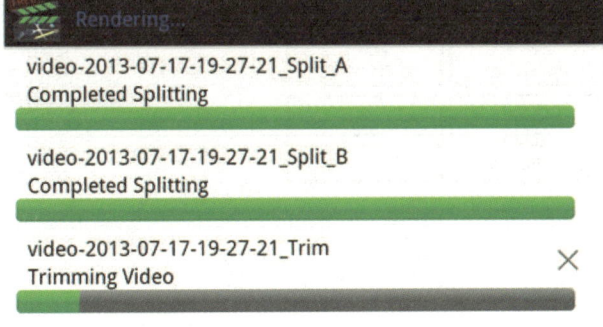

분리된 영상은 재생해 보면 정확히 원하는 지점에서 나누어짐을 볼 수 있다. 분할 지점을 찾을 때는 재생하면 볼 수도 있고 손가락으로 플레이 지점을 가리키는 바를 드래그하여 신속히 찾아가는 것이 가능하다. 두 개로 분할된 파일은 원본의 영상클립 파일명에 별칭이 붙기 때문에 파일 명칭만 봐도 원본인지 편집 작업 후 결과 파일인지 쉽게 구분할 수 있다.

[Trim Video]

영상클립에서 원하는 부분부터 원하는 부분까지 정확하게 끊어서 하나의 영상파일로 만들고자 할 때 사용할 수 있는 기능이다. 원하는 구간을 정확히 선택했다면 우측 상단의 체크 표시를 클릭한다. 클릭 후 렌더링이 되면서 *Trim 파일이 생성됨을 볼 수 있다.

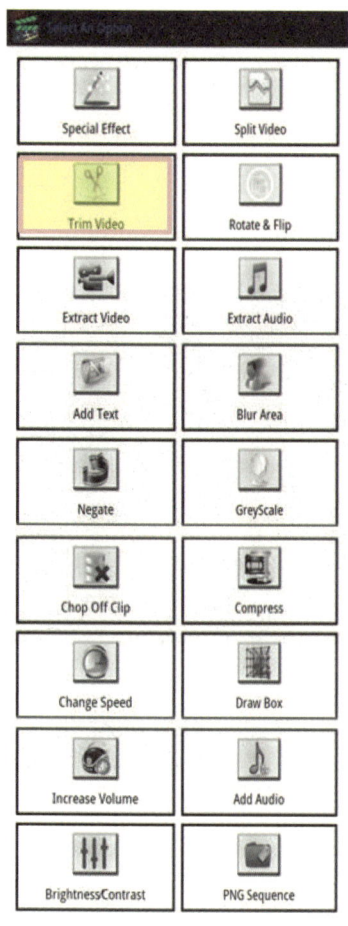

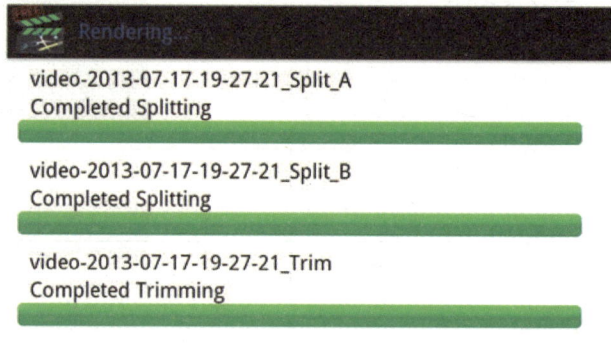

[Extract Video]

영상을 편집하다 보면 소리 없이 영상만 사용하고자 하는 경우나 비디오만을 추출하여 다른 배경음악을 입히는 경우나 영상클립을 여러 개를 묶어서 한 화면에서 동시간대에 같이 보여주고자 영상만 사용하는 때가 있는데 이러한 용도로 extract video 기능이 유용하다.

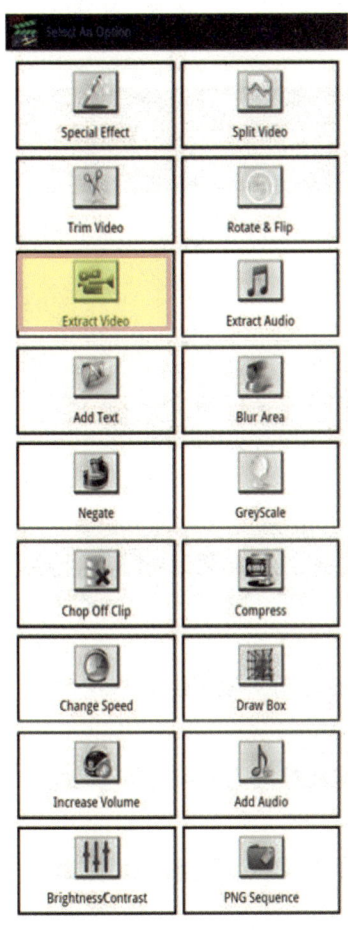 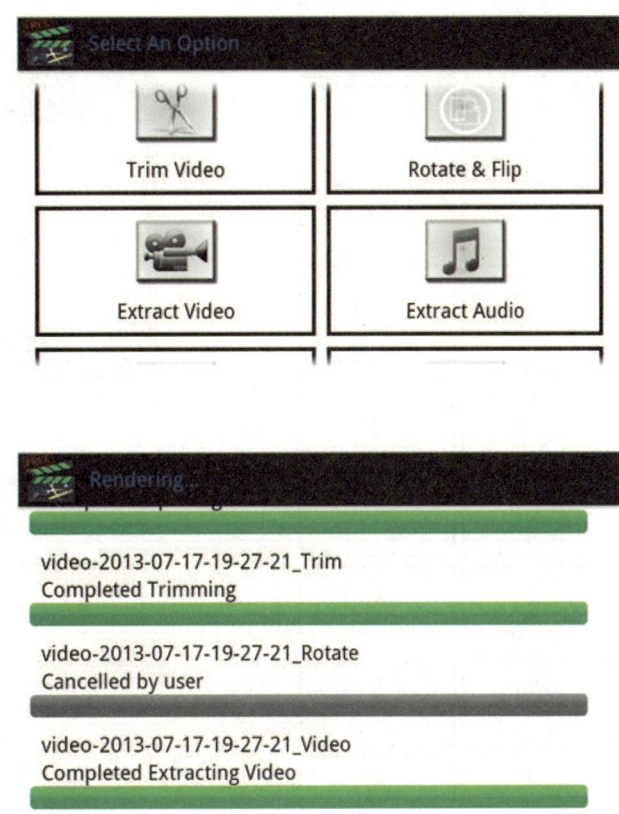

extract video를 실행하고 파일을 가져오면 자동적으로 렌더링에 들어가면서 파일을 생성한다. 생성된 파일의 형태는 *_Video이다.

[Extract Audio]

영상클립에서 영상은 사용하지 않고 오디오만 사용하고자 할 때 사용하는 기능이다. extract audio를 클릭해서 먼저 출력 포맷을 mp3 혹은 aac 중 하나를 선택한다. 선택 후 렌더링을 마치면 *_Audio 파일을 생성한다.

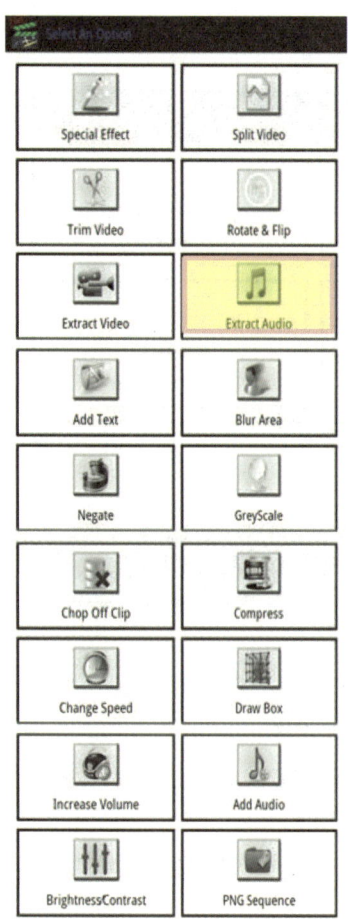
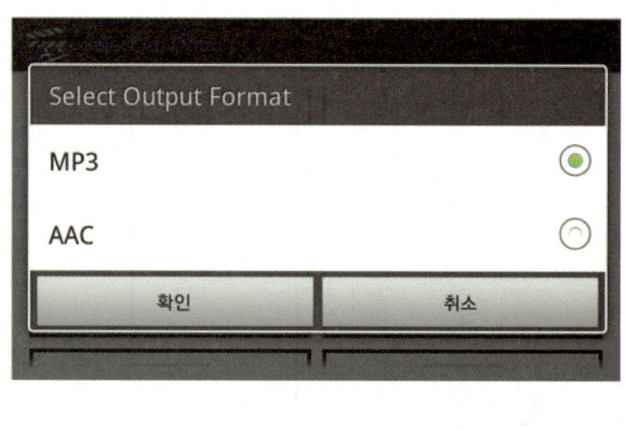
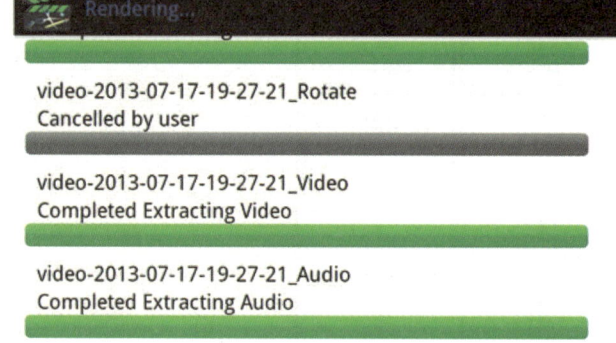

[Add Text]

영상클립에 자막을 입히려 할 때 사용하는 기능이다. add text를 누르고 영상에서 글자가 머물 수 있는 시간길이 만큼 손가락으로 드래그하여 구간을 정해준 다음 우측 상단에 Proceed를 클릭한다. 자막 입력란에 글자를 입력하고 폰트의 유형과 폰트 크기를 정해준다. shadow setting에서 그림자 색상과 X축과 Y축의 거리를 정해준다.

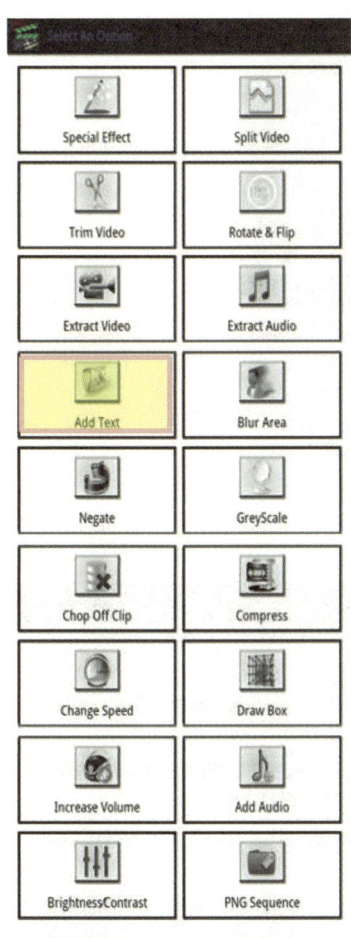
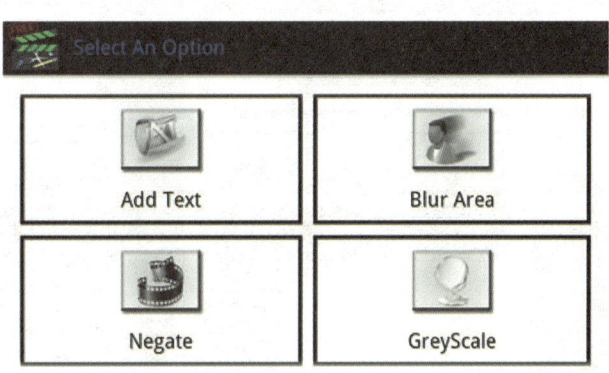
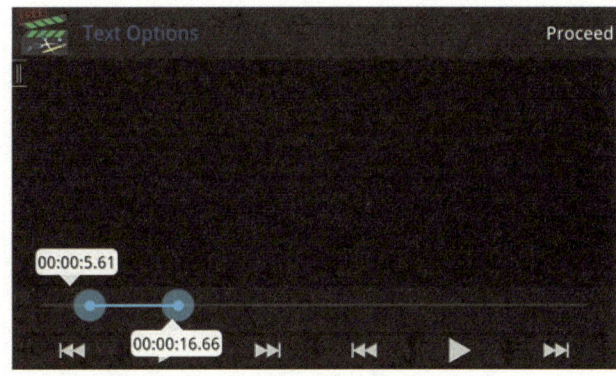
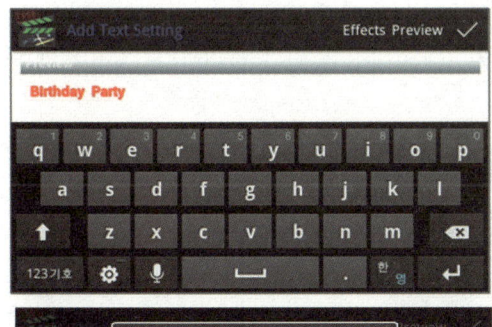
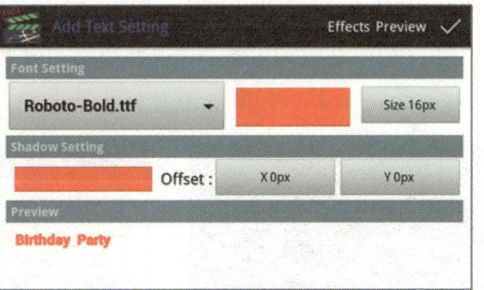
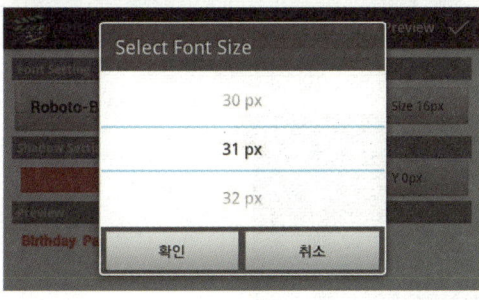

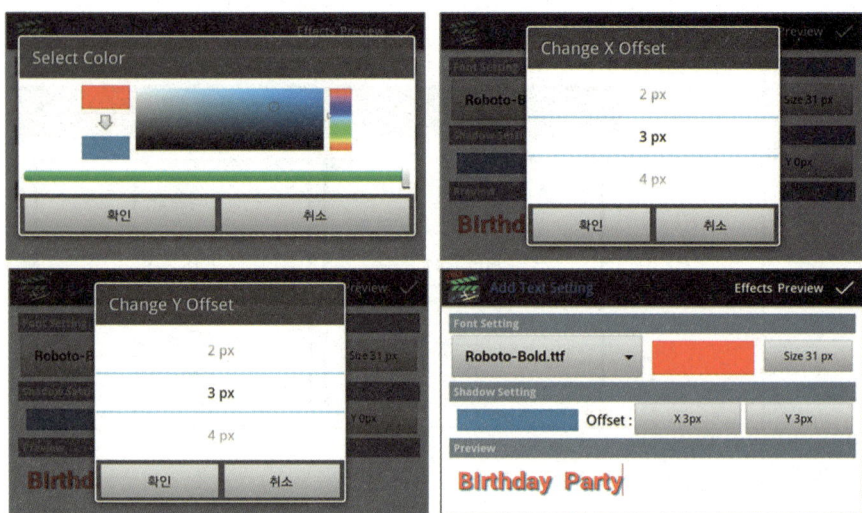

미리보기에서 Birthday Party 글씨에 폰트의 유형과, 폰트 색상, 폰트 크기, 그림자 색상과 그림자의 x축 거리와 y축 거리가 적용된 것을 볼 수 있다. 영문자로 쓰여진 자막을 출력하면 *_AddingText 파일이 생성됨을 알 수 있다.

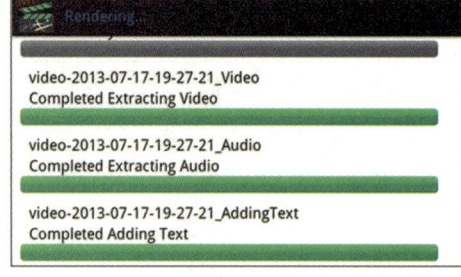

안드로이드 스튜디오 앱의 폰트 폴더에 한글 폰트를 복사해 옮겨 놓고 스마트폰을 다시 리부팅하면 한글 폰트가 적용되는데 이후 자막 작업(add text)에서 폰트의 유형 중 한글 폰트를 찾아 선택한 다음 한글 자막을 쓰면 한국어가 표시한다. 이 상태에서 다음 우측 상단에 Proceed를 클릭한다. 그러면 렌더링된 영상에서 한국어 자막을 정확하게 표현할 수 있다.

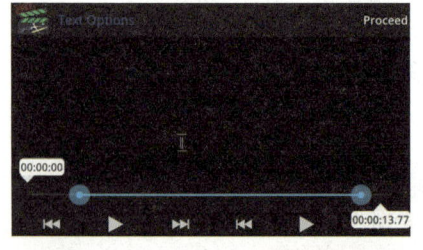
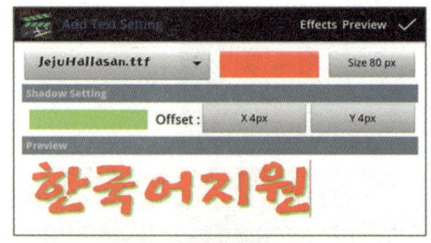
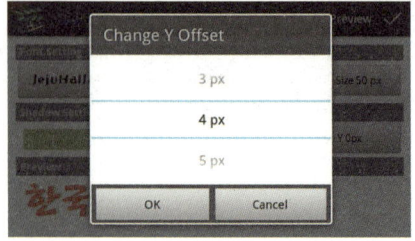

[Negate]

정상적인 칼라로 구현된 영상클립을 네거티브 영상으로 보여주고자 할 때 사용하는 기능이다. 보통 편집에서는 영상효과로 많이 사용되는 유형 중의 하나이다. 렌더링하여 생성된 파일은 *_Negate 파일로 별칭이 생성한다.

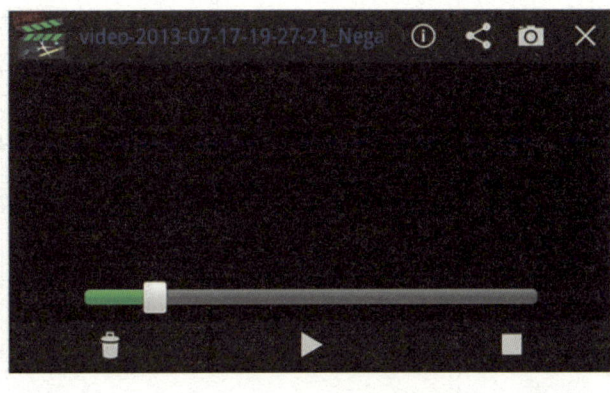
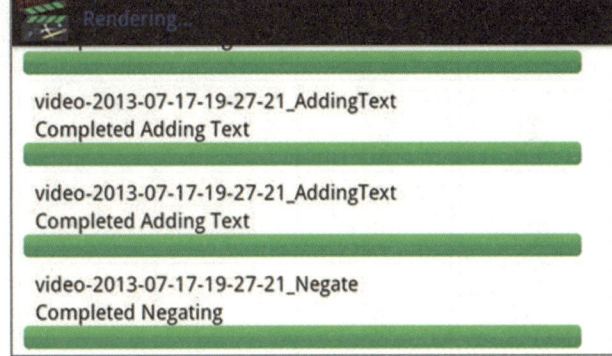

[Grey Scale]

정상적인 칼라로 구현된 영상클립을 흑백 영상으로 보여주고자 할 때 사용하는 기능이다. 보통 편집에서는 영상효과로 많이 사용되는 유형 중의 하나이다. 주로 과거 회상장면을 보여주고자 할 때 사용하기도 한다. 렌더링하여 생성된 파일은 *_GrayScale 파일로 별칭이 생성한다.

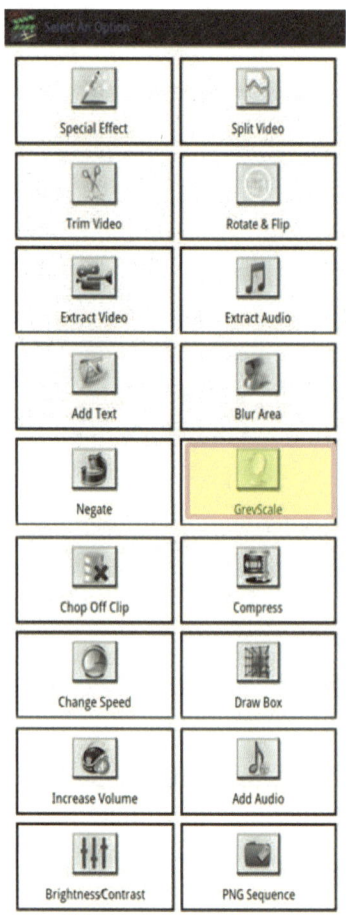

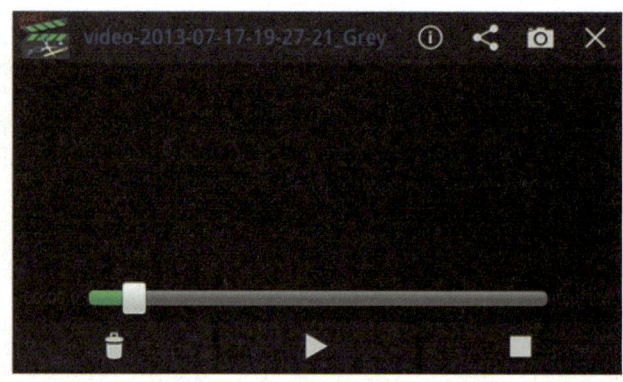

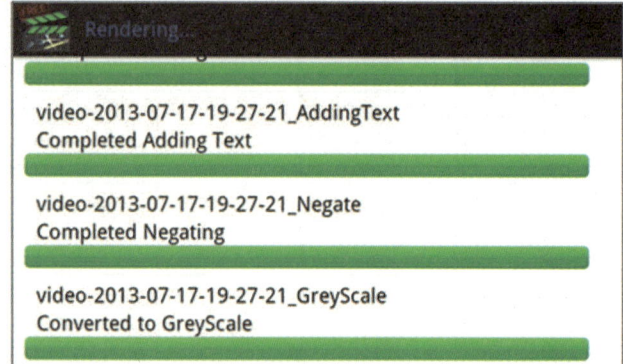

[Chop off Clip]

영상 클립에서 시작점(in point)에서 끝점(out point) 사이는 삭제하고 나머지 부분을 영상파일로 만드는 기능이다. 선택하는 부분은 trim video의 반대라 할 수 있다. 렌더링하여 생성된 파일은 *_RemoveClip 파일로 별칭이 생성한다.

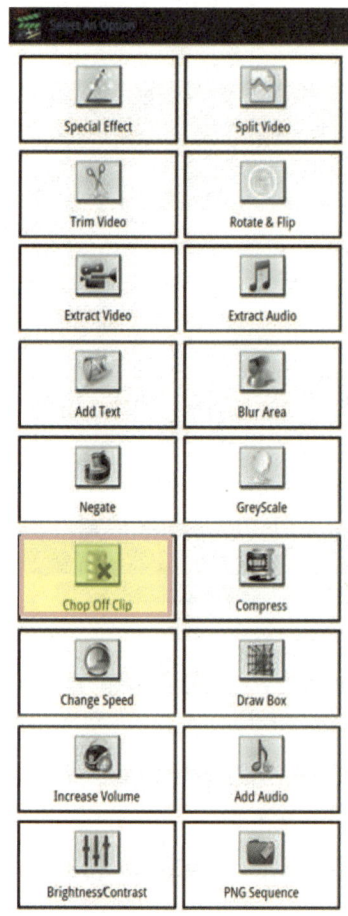

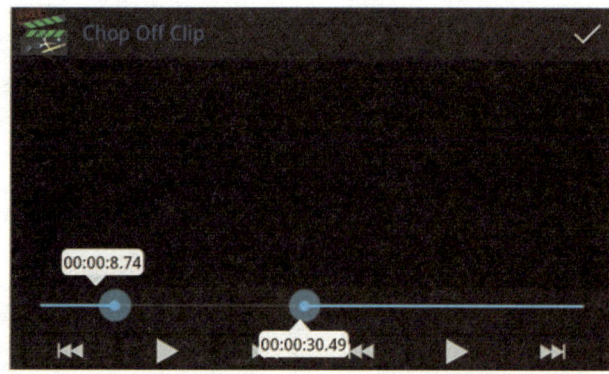

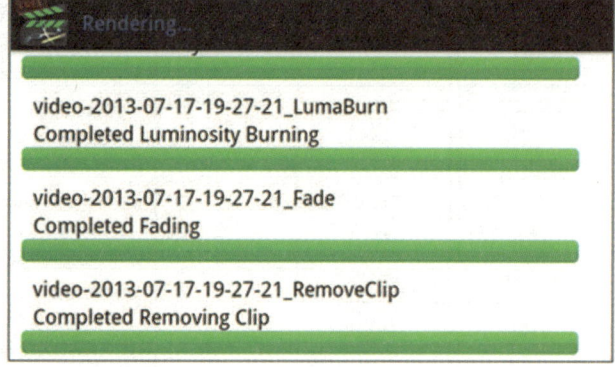

[Compress]

영상 클립에서 영상을 고품질 영상, 중간품질 영상, 저품질 영상파일로 품질을 선택하여 출력하는 기능이다. 렌더링하여 생성된 파일은 *_Compress 파일로 별칭이 생성한다. 이 기능은 파일을 저품질로 재생하여 모니터하거나 웹에 가볍게 올리고자 할 때 사용할 수 있다.

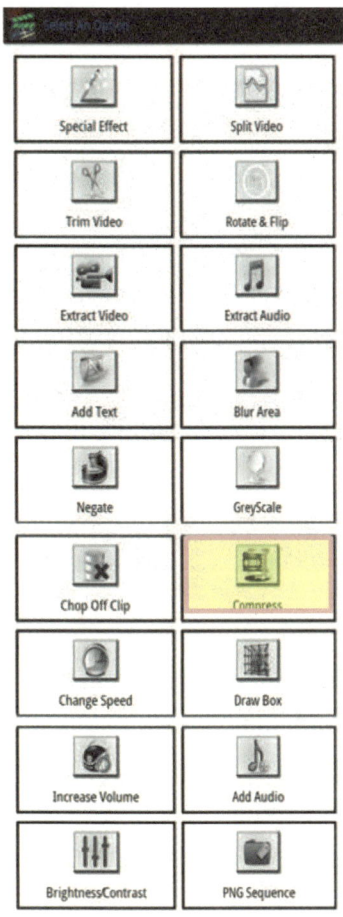

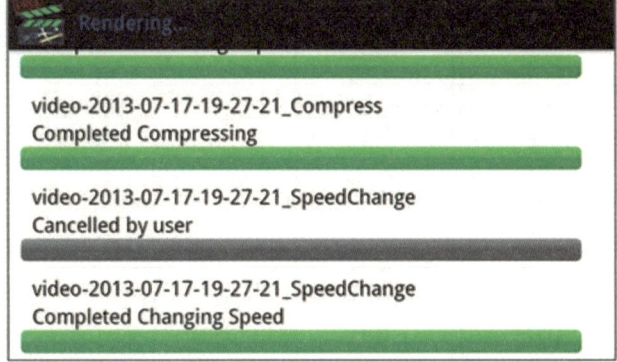

[Change Speed]

편집을 할 때 연출의 의도에 따라서는 영상 클립의 재생속도를 변화시켜 새로운 영상을 만드는 기능이다. 2배속 혹은 4배속을 선택하고 확인한 다음 렌더링하여 생성된 파일은 *_SpeedChange 파일로 별칭이 생성한다.

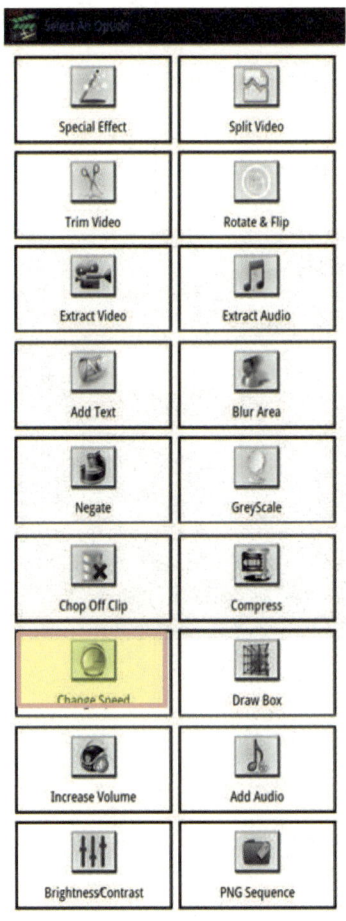
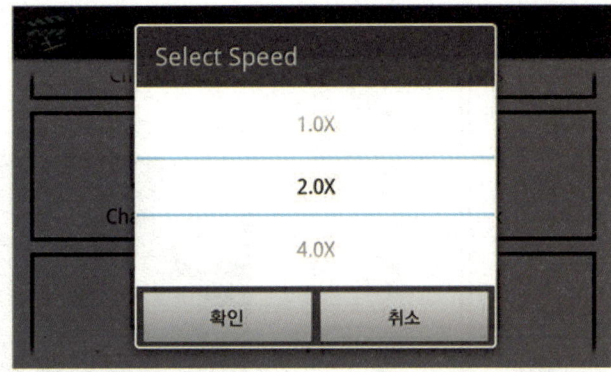
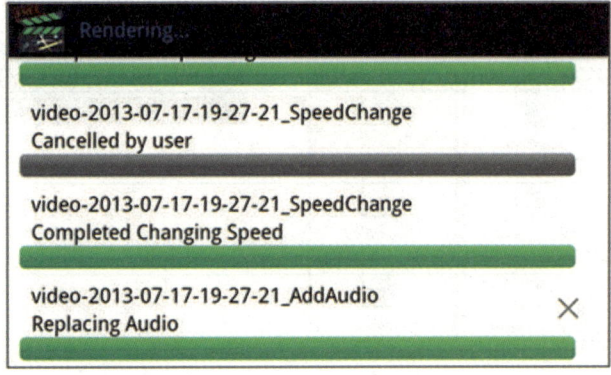

[Draw Box]

영상 클립에서 화면의 특정 부분에 이미지를 삽입하여 영상파일로 만드는 기능이다. 칼라나 이미지를 박스에 삽입할 수 있으며 삽입이 완료되면 렌더링한다. 렌더링 후 생성된 파일은 *_DrawBox 파일로 별칭이 생성한다. PiP(Picture in Picture)화면을 만들 때 유용하다.

[Add Audio]

영상 클립에서 기존의 오디오를 다른 오디오로 대체하거나 오리지널 오디오와 새롭게 추가하는 오디오와 믹스하여 영상파일로 만드는 기능이다. 추가하고자 하는 음악이 있으면 선택하여 가져오기를 할 수 있다. 렌더링하여 생성된 파일은 *_AddAudio파일로 별칭이 생성한다.

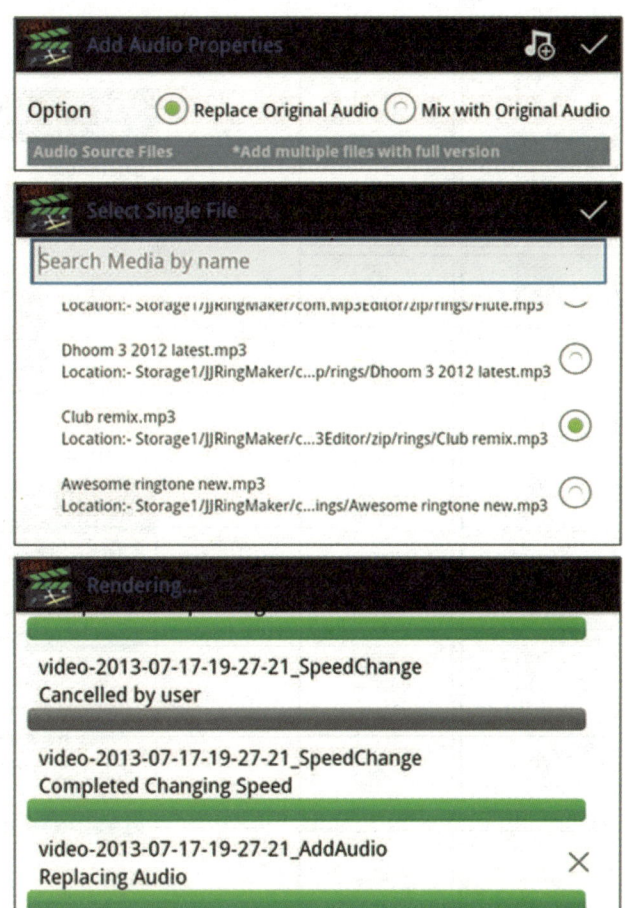

[Brightness Contrast]

영상 클립에서 밝기나 콘트래스트를 조정하여 영상파일로 만드는 기능이다. 원래의 영상이 어둡거나 노출이 부족한 영상일 경우 수치를 조정하여 새로운 파일로 생성할 수 있다. 렌더링하여 생성된 파일은 *_Brighten 파일로 별칭이 생성한다.

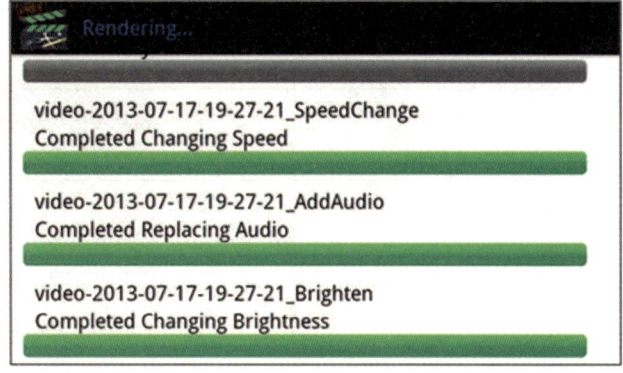

[PNG Sequence]

영상 클립에서 시작점(in point)에서 끝점(out point) 사이는 부분을 이미지 파일(PNG)로 만드는 기능이다. 선택하는 부분에 대해서 초당 이미지의 수를 정해주면 이미지 파일을 출력 할 수 있다. 렌더링하여 생성된 파일은 *_PNG_Sequence 파일로 별칭이 생성한다.

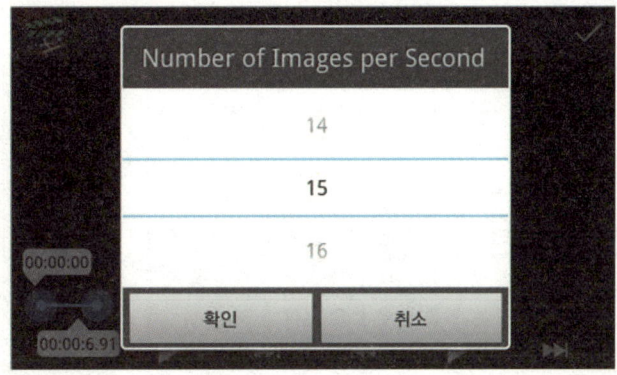
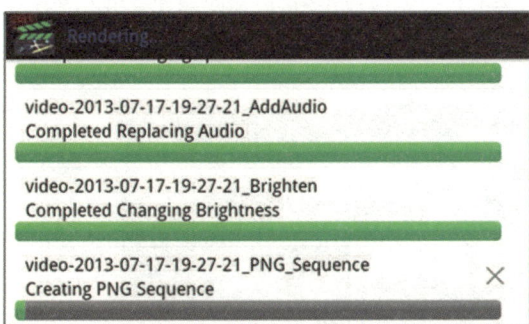

3.2 나만의 스마트 편집 스튜디오 -Splice앱

iOS를 사용하는 아이폰4에서 편집한 것의 예를 설명하고자 한다. 앱 마켓인 앱스토어에서 Splice를 입력하고 해당 앱을 다운 받는다. 다음으로 프로젝트 셋팅을 한다.

프로젝트 셋팅을 위해 프로젝트 명도 입력해야 한다. 프로젝트 설정을 마치면 'done'을 입력한다. 이제 비디오 편집을 할 차례이다. 아래의 오른쪽 화면에서와 같이 비디오/포토, 전환, 타이틀 중 원하는 작업을 하기 위해 터치를 한다. 예에서는 'video/photo'를 선택한다.

그러면 앨범을 포토 라이브러리 혹은 카메라 롤에서 찾을 것인지 선택해야 한다. 포토 라이브러리에 들어가면 기존에 찍어둔 사진과 영상들이 들어있다. 이 중 불러오기 할 사진이나 영상을 터치하여 선택한다.

 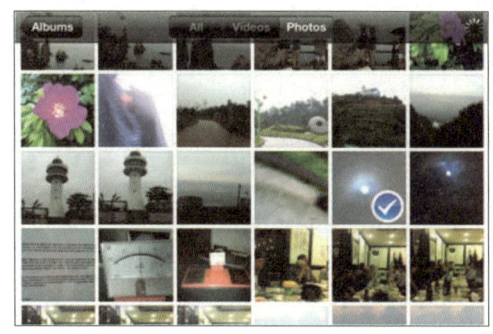

사진이나 사진 사이 혹은 사진과 영상 사이, 영상과 영상 사이에 전환을 위해서 슬래시 버튼을 선택한다. 아래의 오른쪽 화면에서 같이 전환효과를 선택한다.

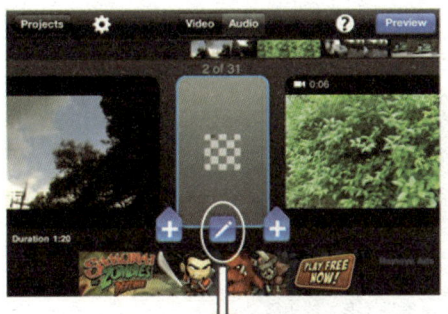

전환을 위해서 선택함

전환효과적용을 위해서
원하는 전환 효과를 선택한 다음
Done을 누름

전환을 위해서 선택함

비디오 효과를 위해서는 fx 버튼을 누른다. 그러면 아래의 오른쪽 화면에서와 같이 효과를 위한 필터를 선택할 수 있다. 선택 가능한 효과에는 흑백효과, 네거티브효과, 세피아효과, 스크래치 효과가 있다.

효과을 위해서 선택함

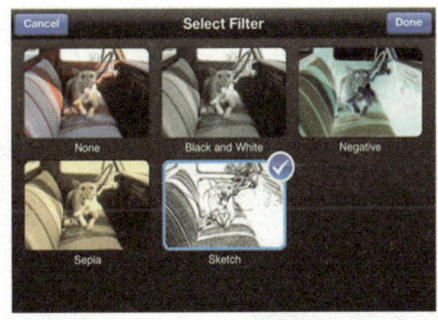

스크래치효과를 선택함

사진이미지에
스크래치효과가 적용된 화면

사진편집에서 자르기 모양을 선택하면 팬과 줌을 연출할 수 있다. 시작부분을 터치하고 가운데 큰 화면에서 사진의 특정부분을 확대하여 보여준 다음 끝부분을 터치하고 줌아웃된 넓은 뷰로 사진이 보이게 하면 플레이를 하면 줌 아웃효과처럼 연출이 된다. 이 기능을 잘 응용하면 줌인, 줌아웃, 패닝 등 다양한 움직임의 효과를 보여줄 수 있다. 이때 Ken Burns 이어야 한다.

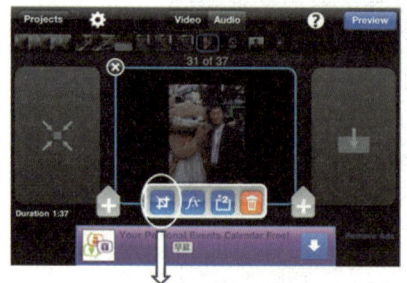

자르기 모양을 선택함

시작 부분을 선택하고
사진의 이미지를 손으로 축소
혹은 확대, 드래그 등을 하여
팬과 줌의 효과를 만들 수 있음

영상편집시에 필수적으로 들어가는 것 중의 하나가 자막이다. 영상클립이나 사진에서 양끝에 있는 버튼을 누르면 'Video/Photo', 'Transition', 'Title'을 선택할 수 있다. 이번에는 타이틀을 선택한다. 'Edit Text' 화면에서 자막을 입력하기 위하여 탭(tap)한다. 키보드버튼이 나오면 글자를 입력한다. 한영변환은 지구모양을 클릭하면 변환할 수 있다.

+ 선택하여 타이틀을 선택함

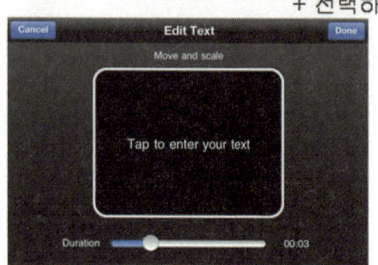
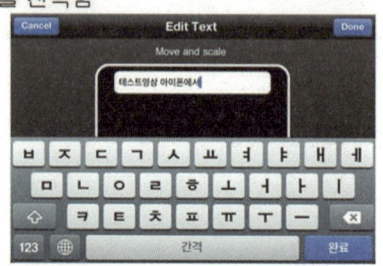

글자입력을 위해 탭하여 자막을 씀

이번에는 오디오 편집을 해보도록 한다. 오디오 편집을 위항 상단 중앙에 오디오(Audio)를 터치한다. 오디오 트랙에 ➕ 를 누른다. 그러면 오디오클립 삽입을 위해서 사용할 라이브러의 위치를 물어본다. Splice 라이브러리 혹은 iPod 라이브러리를 중 하나를 선택하다.

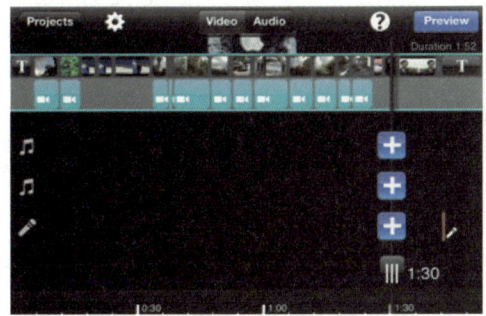 

Splice 라이브러리를 선택하면 사운드트랙과 사운드효과가 나온다. 이중 사운드 트랙을 선택하니 2개의 오디오클립이 있다. 이 중 예에서는 'Pop Country'를 선택한다. 실제 편집에서는 영상클립이나 영화전체의 분위기나 메시지를 전달할 수 있는 음원을 구입하여 저작권을 해결하고 작품에 적용하는 것이 좋다. 저작권자를 대리한 저작권신탁업체와 사전 협의를 하는 것이 영화나 작품을 만들고 상영에 문제가 없다.

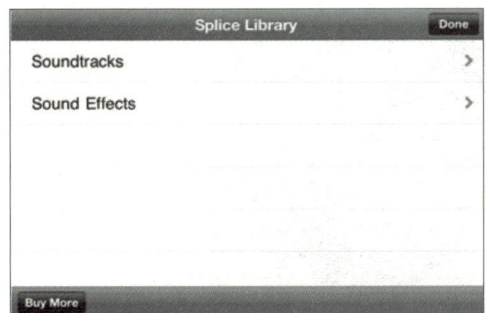 

아래의 왼쪽 화면은 오디오 클립을 삽입하여 타임라인에 배치되어 있는 상태이다. 만약 오디오클립의 재생 길이나 페이드 인 혹은 페이드 아웃 같은 효과를 원한다면 아래의 오른쪽 화면에서처럼 트림과 페이드 작업을 진행한다. 페이드인에서의 레벨을 조정한다.

 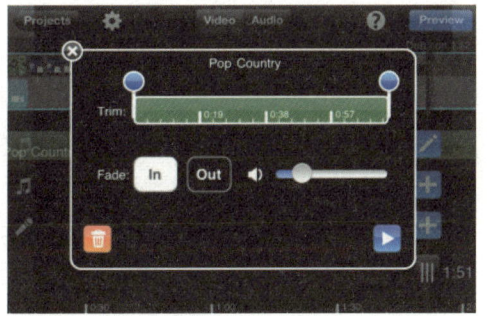

페이드 아웃에서의 레벨을 조정한다. 트림과 페이드 조정이 완료되면 플레이 버튼을 눌러서 미리 듣기를 수행한다. 비디오 편집과 오디오 편집이 다 되었다고 하면 마지막으로 내보내기를 한다. 내보내기는 Medium(960x540)과 High(1280x720)가 있다. 만약에 High로 출력한다면 스마트폰 내에 여유 메모리 공간이 충분한지 렌더링 전 확인하는 것이 필요하다. 메모리가 충분하지 않은 상태에서 렌더링을 하면 중간에 완성을 못하고 중지되는 경우가 있다.

 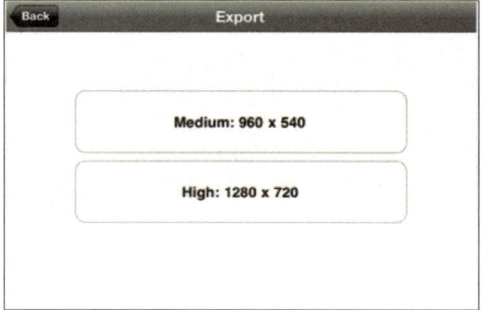

내보내기(export)가 진행이 되면 이 작업은 몇 분 걸릴 것이라고 메시지가 나온다. 완성 메시지가 나올 때까지 기다리는 인내가 필요하다. 완성이 되면 아래의 오른쪽 화면에서와 같이 팝업으로 완성되었다는 메시지가 나온다.

4. 스마트폰에서 스토리보더앱을 활용한 스토리보드 만들기

스토리보드란 주요 장면을 그림이나 사진 등으로 정리한 계획표로 주요 장면을 앞으로 완성해야 할 영상에 가장 가깝게 미리 보여 주는 기능을 한다.

스토리보더앱을 이용하여 UCC 영상 기획 단계에서 시나리오를 구체적으로 시각화할 수 있다.

 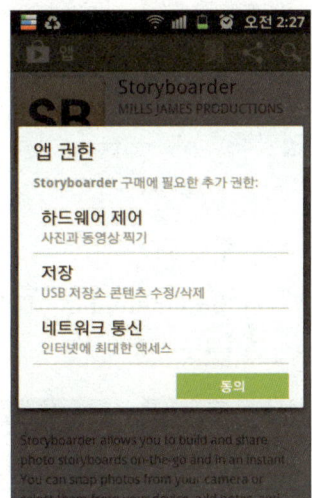 

안드로이드계열의 스마트폰 사용자는 'storyboard'단어를 플레이스토어에서 검색하면 'Storyboarder' 앱을 다운 받을 수 있다. 다운시 앱권한, 하드웨어 제어, 저장, 네트워크 통신 접근 등에 '동의' 버튼을 눌러야 한다. 스토리보더앱이 설치되면 스마트폰의 맨 마지막 페이지에 'SB' 아이콘이 생긴 것을 볼 수 있다.

 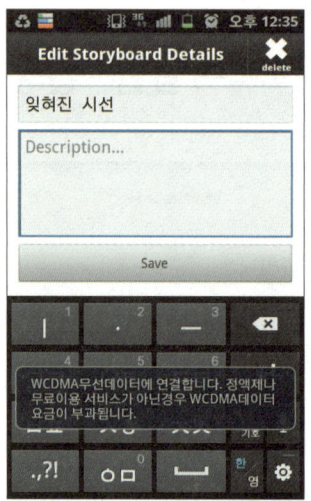 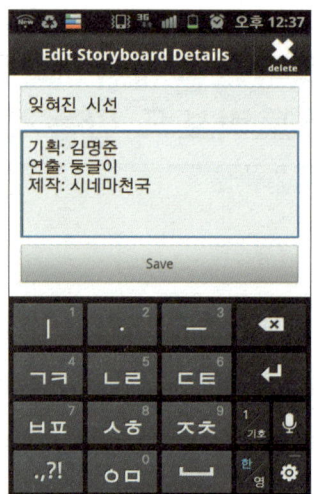

새로운 스토리보드 프로젝트를 생성하는 방법은 스토리보더 앱을 실행하여 오른쪽 상단에 'Create New' 버튼을 눌러 'title'입력부분에 제목을 입력하고 'description'입력부분에 제작스탭이나 제작사에 대한 정보를 입력한다.

입력 후 저장을 하면 보드 추가하기(add a Board)가 나온다.

개별 보드를 추가하는 방법에는 사진을 촬영하는 방법(Take Photo)과 갤러리(Choose from Gallery)에서 선택하여 가져오는 방법이 있다.

  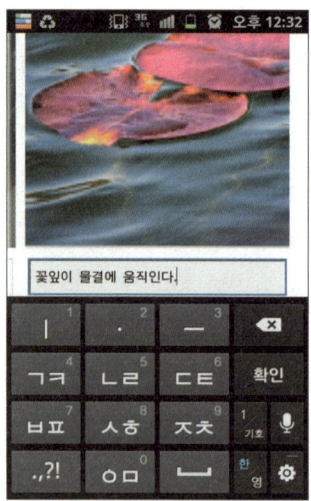

사진을 촬영하는 방법을 선택하면 스마트폰 내부의 카메라앱을 선택하라고 나온다. 이 때 자신이 선호하는 카메라앱을 선택하여 스토리보드에서 첫 장면으로 사용하고자 하는 것과 유사한 것을 촬영하여 사용할 수 있다. 촬영이 완료되면 촬영된 사진을 저장한다. 저장을 한 사진은 섭네일처럼 작게 나타난다.

사진에 설명을 추가하려면 사진하단에 'Touch to add note'를 터치하여 설명을 추가한다. 이렇게 각 사진마다 카메라앱을 이용해 촬영하거나 이미 촬영된 사진이 있는 경우 갤러리에서 선택하여 가져오기를 한 후 각각의 사진 하단에 설명을 추가하면 스토리보드 작업을 간략하게 마칠 수 있다.

완료된 스토리보드는 스토리보드앱 상단의 공유(share)기능을 이용하여 이메일, 드롭박스에 보낼 수도 있고 pdf 파일로 저장할 수 있다. 스토리보드앱은 스마트폰에서 영상을 계획적으로 촬영하는데 많은 도움이 될 수 있다.

Ⅴ 스마트 생방송 전문가 되기

1. 유스트림(www.ustream.tv)을 이용한 생방송하기
2. 스마트폰 악세사리 활용법
3. 방송컷 촬영법: 슬레이트 앱 다루기(Digital Slate 앱)

1. 유스트림(www.ustream.tv)을 이용한 생방송하기

유스트림은 세계 1위 Social Live Broadcasting으로 개인이 PC의 웹캠, 스마트 폰 등으로 누구나 손쉽게 방송을 할 수 있다는 것이 가장 큰 장점이다. 유스트림을 통해 생방송 도중에도 트위터, 페이스북 등의 SNS를 통해 실시간 채팅이 가능하며 SNS를 통해 방송 시간을 미리 홍보할 수도 있다.

처음 사용자는 '지금 가입하세요' 또는 '가입하기'를 눌러 회원가입을 위한 입력란 내용을 채우고 하단의 '계정생성하기' 버튼을 클릭한다.

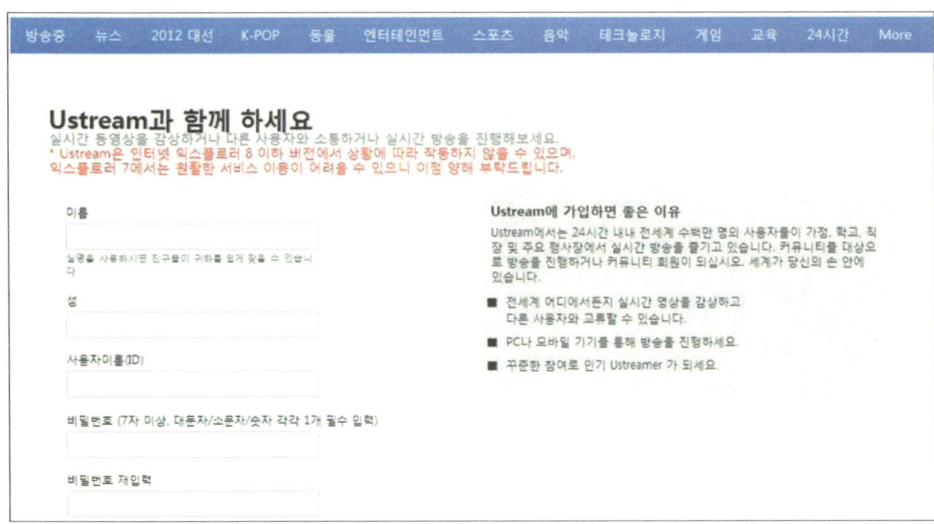

다음 페이지로 전환되면 '추천 하이라이트'로 각 카테고리가 있음을 알 수 있다. 특정 방송의 커뮤니티에 가입할 수도 있다.

'친구찾기'는 페이스북이나 트위터 등의 친구를 찾는 기능을 제공한다. 유스트림과 페이스북 계정을 연결하려면 'facebook와 연결' 버튼을 클릭해야 한다. 트위터나 마이스페이스 등도 계정 연결을 원하면 마찬가지의 과정을 거쳐야 한다.

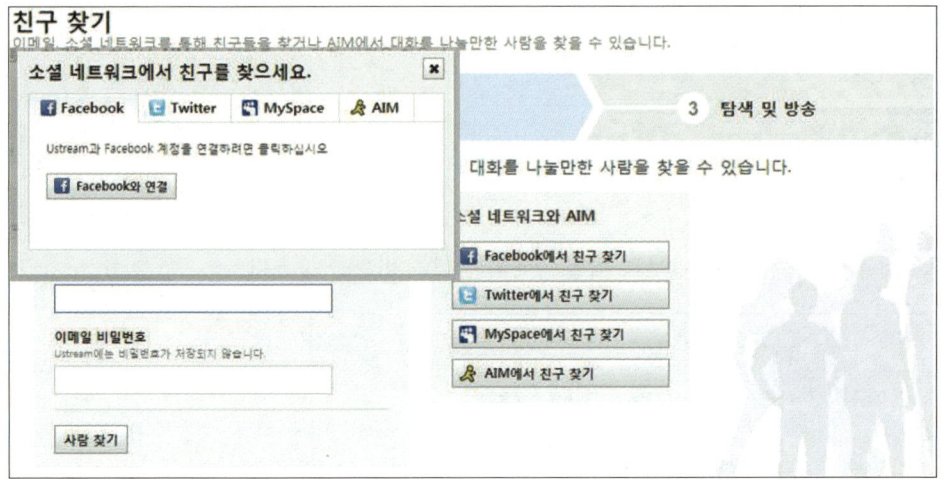

페이스북의 계정이 유스트림과 연결되어 사용하려면 로그인 절차를 밟는다. 이메일과 비밀번호를 입력한 다음 '로그인' 버튼을 누른다. 페이스북의 친구 중 함께 유스트림을 사용하고 있는 친구가 소개되고 있다.

'authorize ustream.tv to use your account?' 질문에 아래에 이메일과 비밀번호를 입력한 다음 '애플리케이션 승인'을 누른다. 이번엔 트위터 관련 연결을 하기 위한 것이다.

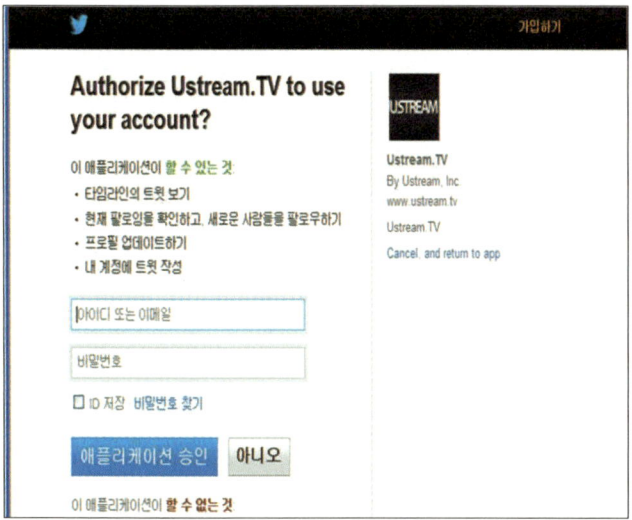

페이스북이나 트위터에서 친구찾기가 마무리 되면 아래의 '완료' 버튼을 누른다.

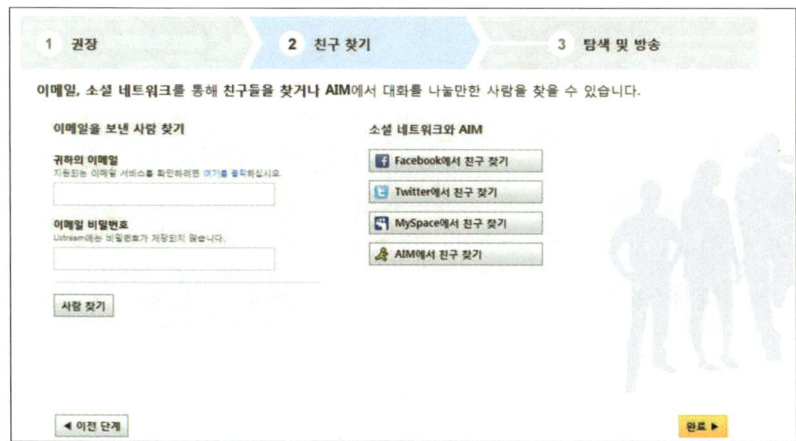

아래의 화면에서 좌측 부분에 '채널을 만드십시오' 라는 부분을 클릭한다.

팝업으로 '귀하의 채널명' 입력란이 나오면 채널명을 입력하고 '만들기' 버튼을 누릅니다.

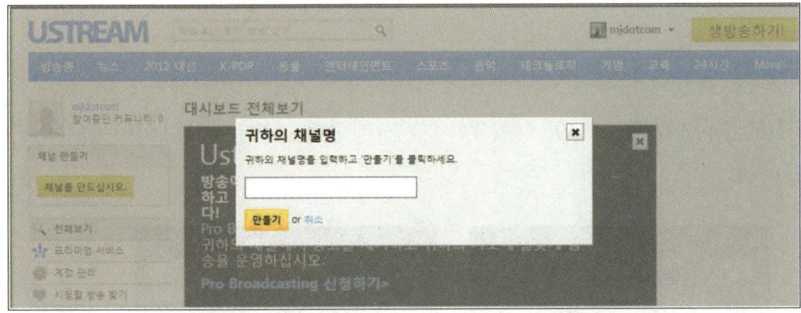

그러면 '채널설정'에 대한 세부 내용을 입력할 수 있는 입력란이 나온다. 순서대로 입력을 요구하는 내용을 입력하면 된다. 카테고리, 채널 태그, 채널 사진, 소개 등이다.

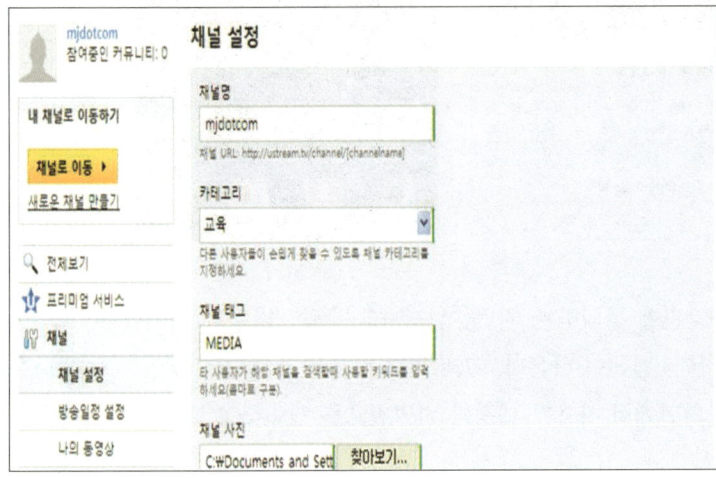

그 다음엔 다른 웹사이트간의 연결 상태를 관리하는 '연결'에서 페이스북, 트위터, 유튜브 등과의 연결을 하는데 연결을 위해서 '아이디'와 '패스워드'를 입력하여 연결하기를 하면 연결이 된 상태는 '연결 끊기'라는 버튼이 보인다.

이제 데스크탑PC에서의 유스트림 설정이 끝나면 스마트폰에서의 유스트림을 설치해야 한다. 플레이스토어나 앱스토어에서 'USTREAM'을 다운로드 한 다음 설치를 진행한다. 설치가 완료되면 메뉴화면에서 유스트림 앱 아이콘이 보인다.

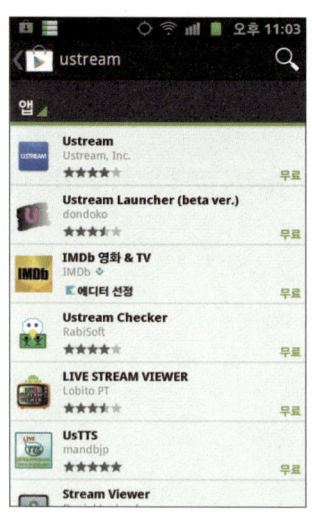  

유스트림 앱아이콘을 실행하면 사용약관에 동의하는 지 물어보는데 '수락' 버튼을 터치한다. 그러면 첫 화면에 찾아보기, 방송하기, 즐겨찾기, 검색이 나온다. 그리고 탭 버튼을 누르면 로그인 메뉴가 나온다. '로그인' 버튼을 클릭하면 로그인화면에서 사용자 계정과 비밀번호를 입력하고 로그인 할 수 있다.

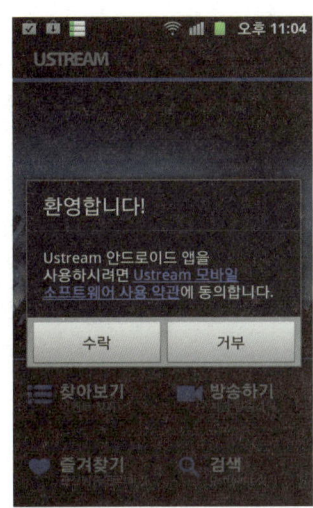  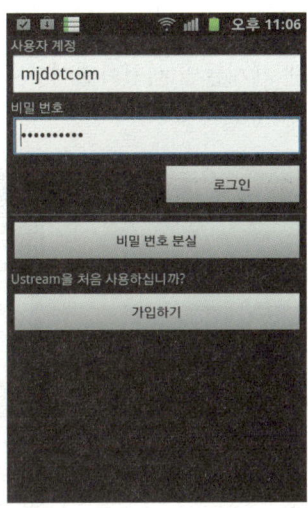

유스트림 서비스 약관에 동의 후 설정을 살펴보면 트위터연결설정, 페이스북에 공유, 트위터에 공유, 유튜브에 공유에 체크표시하면 공유가 가능하다. 방송시 전면 카메라를 기본 카메라로 설정하기 위하면 역시 체크 표시하면 전면의 고해상도 카메라를 이용하여 방송할 수 있다.

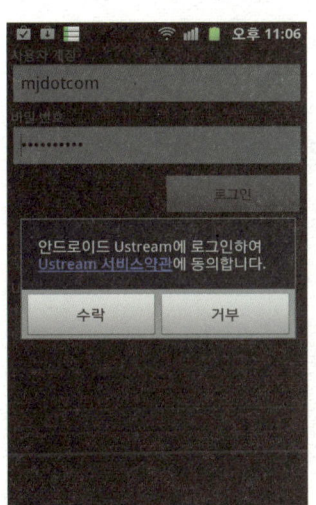  

방송하기 버튼을 누르면 바로 생방송이 진행된다. 공유 아이콘을 누르면 공유할 수 있다.

생방송 중에 페이스북이나 트위터로 생방송 시청에 대한 게시글을 보낼 수 있다. 아래의 화면에서는 트위터로 보낸 게시글의 캡쳐화면이다. 생방송을 멈추려면 빨간 녹화버튼을 다시 한 번 누르면 방송이 중지된다.

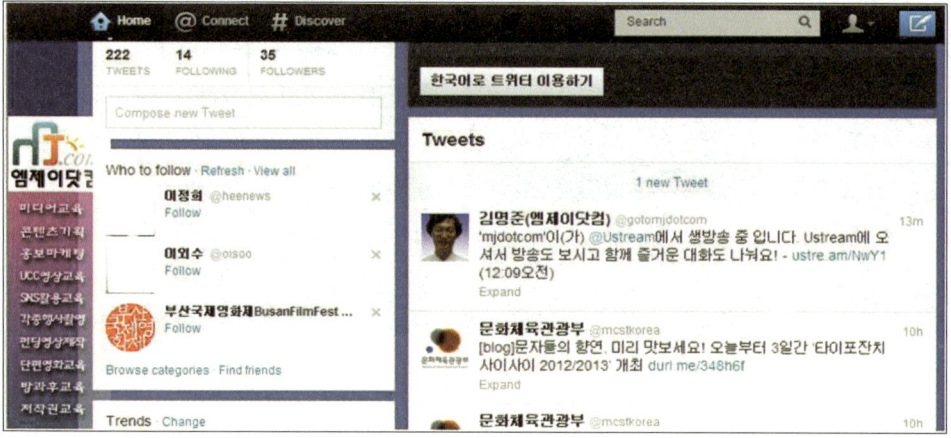

방송을 중지하면 유스트림이나 유튜브에 저장하겠냐고 메시지가 나와 저장하겠다고 하면 아래의 화면에서 보는 것처럼 영상이 녹화된 파일을 볼 수 있다. 물론 녹화영상을 삭제하거나 편집할 수 있다.

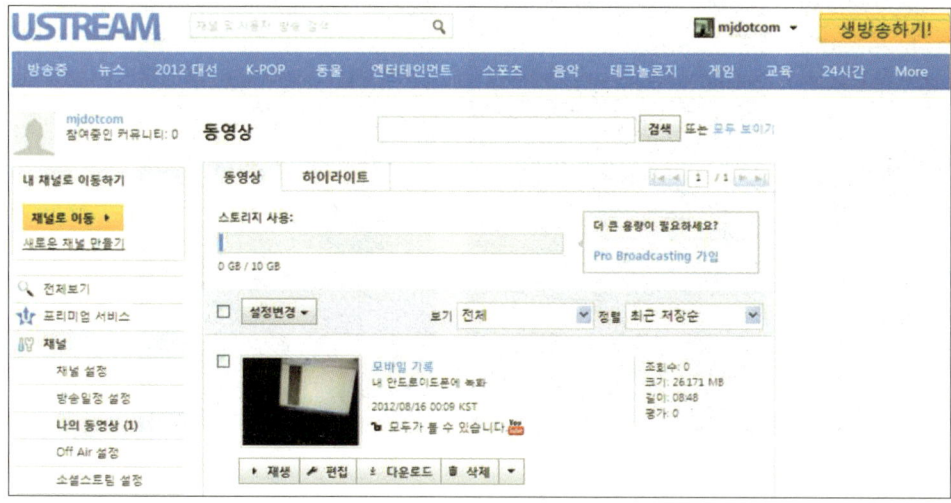

2. 스마트폰 악세사리 활용법

스마트폰 촬영 시 핸드그립이나 샷건 등을 함께 사용할 수 있다. STEADYVID EX로 0.95kg에 상응하는 컴팩트 카메라나 캠코더를 올려 비디오 안정화와 충격을 감소시키도록 설계된 비디오 안정화 시스템으로 스마트폰용 슈를 이용하여 스마트폰 촬영에 사용할 수 있다. 지향성을 가진 비디오 콘덴서형 샷건 마이크로폰은 현장의 잡음을 최소화하고 배우들의 소리를 생생하게 잡는 데 도움을 준다.

 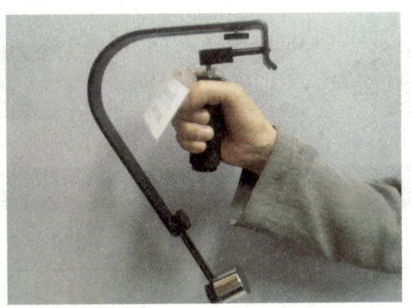

스마트폰 캠의 움직임을 위해서는 장난감 자동차, 유모차, 자전거, DIY, RC헬기 등을 활용하여 다이나믹한 영상을 만들 수 있다. 저예산으로 스마트폰 영화를 만드는 영화감독이나 스탭들이 그립이나 지미집 등을 직접 만들어 사용하기도 한다. 아래의 사진에서는 미끄럼방지용 제품과 플라스틱접시를 활용하여 스마트폰용 핸드그립을 만든 예이다. DIY로 만들 때 주의할 점은 스마트폰 장착 시 마찰음이 나지 않도록 해야 하고 카메라 렌즈의 위치를 잘 맞추어 홀을 가공해야 한다. 또한 마이크의 원할한 흡음이 될 수 있도록 소리의 굴절과 흡입구 형태를 잘 고려해야 한다. 스마트폰으로만 촬영했을 때 보다 DIY 그립을 사용하면 한 손으로 잡고 다른 손으로 촬영하기가 매우 수월하다.

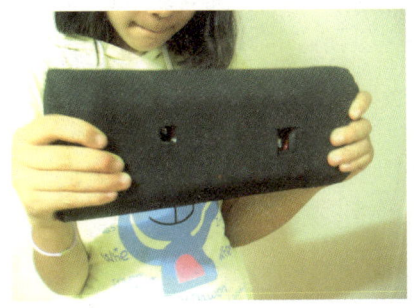 

3. 방송컷 촬영법: 슬레이트 앱 다루기
(Digital Slate 앱)

디지털 슬레이트는 사용하기가 아주 쉽다. 프로덕션, 디렉터, 카메라 등을 적을 수 있고 촬영에 들어갈 수 있다. 각 셀을 더블 터치하면 셀의 내용을 편집할 수 있다. 그리고 어떤 셀은 up and down 으로 가용한 셋팅을 바꿀 수 있다. 슬레이트를 치기 전에는 시간이 멈추어 있다가 슬레이트 왼쪽 상단부를 터치하면 슬레이트가 위로 올라갔다가 내려오면서 탁 소리가 나고 동시에 시간이 흐르고 있는 것이 보인다.

SLATE, ROLL, SCENE, TAKE 등은 업앤다운(UP AND DOWN)으로 아라비아 숫자를 변경할 수 있다. 프로덕션, 디렉터, 디피, 날짜는 셀을 터치하여 입력해야 한다. 날짜가 자동으로 표시되었으면 하는 점은 아쉽다. FPS(프레임)은 15, 23.976, 24, 25, 29.97, 30, 50,59.94,60, 72, 120, 320 중에서 UP AND DOWN으로 설정할 수 있다. 카메라 번호도 UP AND DOWN으로 설정이 가능하다. INT, EXT, NITE, MOS 도 UP AND DOWN으로 선택할 수 있다.

Ⅵ. 스마트 SNS 전문가 되기

1. 트위터 200% 스마트 활용법

2. 페이스북 200% 스마트 활용법

3. 라인(Line) 200% 스마트 활용법

4. Flickr 200% 스마트 활용법

5. 유튜브 200% 스마트 활용법

6. 카카오톡 200% 스마트 활용법

7. 카카오스토리 200% 스마트 활용법

8. 밴드 200% 스마트 활용법

1. 트위터 200% 스마트 활용법

트윗(tweet)는 작은 새가 지저귄다는 뜻은 가진 영어이다. 트위터는 소통하는 사람들이라는 의미를 가지고 있다. 140자의 단문 메시지와 개방성으로 집단지성과 마케팅효과를 누리기에 장점이 있는 소셜 미디어이다. 트위터의 사용을 위해 플레이스토어에서 먼저 트위터를 다운받아 설치한다. 트위터를 실행하면 타임라인에 팔로잉으로 인한 글들이 실시간으로 올라온다.

친해지기 메뉴를 누르면 트위터를 통해 나와 교류를 가진 팔로잉과 팔로워의 글이 보인다.

 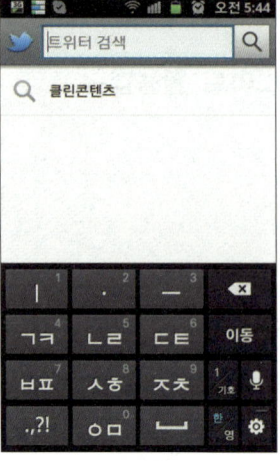 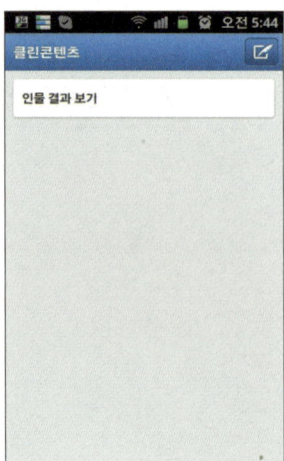

찾아보기 메뉴에서는 팔로잉을 할 대상을 찾아 볼 수 있다. 팔로잉 대상이 나오면 프로필에 가서 팔로우 할 수 있다. 교류가 있는 팔로잉에게는 트윗을 할 수도 있다. 트윗을 보낼 때 팔로잉 대상 앞에 @표시가 있어야 한다. 클린콘텐츠(cleancontents)에 트윗한 것이 타임라인에서 보여 지고 있다.

 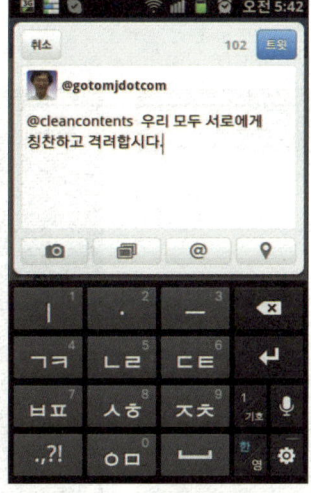 

나 메뉴를 터치하면 자기 트위터의 트윗수, 팔로잉 수, 팔로워 수가 수치로 보여진다. 쪽지를 클릭하면 받은 쪽지가 리스트되어 있다. 쪽지 쓰기를 누르면 받는 사람을 지정하여 쪽지를 보낼 수 있다. 임시보관함은 네트워크의 일시적 장애로 인하여 업로드되지 않은 글은 여기에 임시로 저장이 되는 곳이다. 계정전환은 트위터 계정을 복수로 가지고 있을 경우에 다른 계정을 추가할 수 있고 전환할 수 있다. 자기 트위터의 프로필을 보려면 > 화살표를 클릭하면 아래의 가운데 화면처럼 프로필의 내용을 볼 수 있다. 프로필은 다른 사람에게 자신의 정체성을 알리는 것이기 때문에 중요하다.

홈에서 탭 버튼을 누르면 '내 프로필', '설정', '계정' 메뉴가 보인다. 여기에서 계정을 누르면 '계정추가하기' 버튼이 나온다. 계정 추가하기 버튼을 누르면 계정이 없는 경우에는 가입하기에 가서 가입절차를 밟아야 하고 이미 또 다른 계정을 만들어 놓은 경우에는 아이디와 비밀번호만 입력하면 계정을 추가할 수 있다. '설정'에서는 음향효과를 on, off하거나 사진업로드 서비스를 'Twitter', 'TwitPic', 'yFrog'로 할 것인지 정한다.

 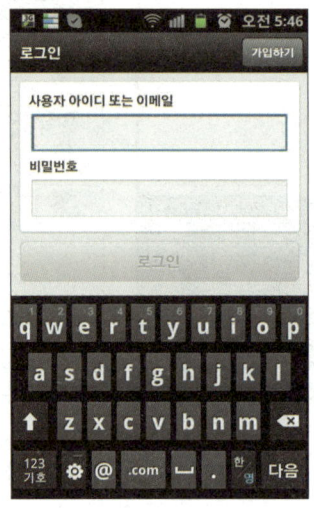 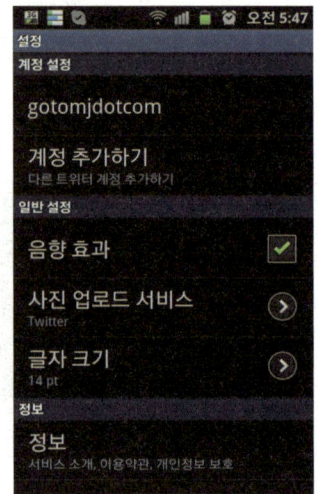

상단 우측에 트윗하기 버튼을 누르면 팝업으로 트윗 작성화면이 나온다. 글 입력란에 글을 작성하고 갤러리의 사진을 보고 선택하여 올릴 수 있다. 갤러리의 사진 뿐아니라 직접 카메라로 현장을 찍어 업로드 하는 것도 가능하다. 스마트폰과 트위터의 결합은 긴급재난이나 야외 행사에 대한 내용을 바로바로 뉴스 속보형태로 올릴 수 있는 장점이 있다.

 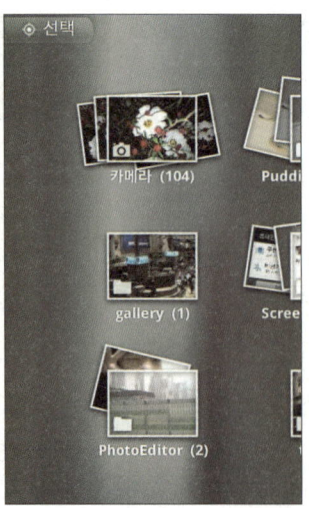 

방금 작성한 '아름다운 꽃이에요' 트윗을 한 결과 자기의 트위터 홈화면의 타임라인에서 맨 위에 글이 올라온다. 맨 위에 올라온 글을 클릭하면 URL링크로만 나왔던 사진이 트윗 글 아래에 예쁜 꽃 사진을 볼 수 있다.

2. 페이스북 200% 스마트 활용법

페이스북은 전세계 8억 명이상의 인구가 사용하고 있는 소셜미디어 중의 하나이다. 페이스북은 트위터보다 더 친밀감을 가지게 하는 장점이 있어 인맥 넓히기에 유용하다. 플레이스토어에서 페이스북을 다운받아 설치하고 실행한다. 가장 먼저 해야 할 것은 페이스북 내에서 아는 인맥들을 찾고 친구신청을 하는 것이다. 친구신청은 자신의 이메일 계정을 가지고 페이스북 내에서 검색하여 친구신청을 할 수 있는 방법이 있고 페이스북의 친구찾기 검색을 이용하여 개별적으로 찾고 친구신청을 하는 방법이 있다. '상태'를 누르면 자신이 생각하는 바나 자신의 감정 상태를 글과 사진을 가지고 작성하여 표현할 수 있다.

'사진' 버튼을 누르면 팝업으로 '업로드'가 나온다. 사진이나 동영상을 올릴 수 있다. 사진은 보통 낮은 퀄리티로 올라가고 동영상 역시 업로드 사이즈가 작다. 만약에 고화질의 영상을 보여주기 원한다면 유튜브에 동영상을 업로드 한 다음에 페이스북에 링크를 거는 것이 적합하다. 사진을 올릴 때 사진을 첨부하고 글도 쓸 수 있다.

게시물 작성 후 게시 버튼을 누르면 뉴스피드에서 자신이 올린 사진과 글을 볼 수 있다.
올라온 사진을 터치하면 스마트폰에서 사진만 크게 보인다.

'검색'에서는 검색어를 입력하면 해당되는 내용이 매치되는 경우에 리스트하여 보여준다. 연락은 되지 않지만 이름을 기억하고 있는 친구가 있다면 여기에서 검색할 수 있다. 이벤트는 생일이나 세미나, 포럼, 야외행사 등이 있을 때 미리 이벤트에 등록하고 친구들을 대상으로 행사의 참석여부와 행사 안내를 겸할 수 있다. 일반 PC나 노트북에서 인터넷 버전의 페이스북에서 이벤트를 설정하고 모바일버전에서는 이벤트를 확인해주는 정도가 알맞다.

  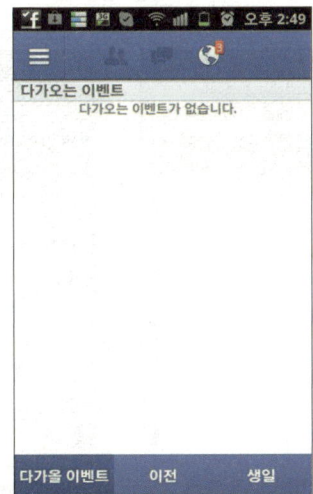

페이스북에서 '친구' 메뉴를 클릭하면 친구 리스트가 나온다. 담벼락에서 특정 친구를 선택하면 바로 친구의 프로필을 볼 수 있고 메시지도 보낼 수 있다. 또한 친구와 사진을 공유할 수 있다. 정보를 보면 전체 친구의 수와 함께 아는 친구 그리고 프로필 주소나 이메일 주소, 연락처 등이 있다. 친구에게 프로필을 공개한 경우 학력과 경력, 생일까지 볼 수 있다. 사진메뉴에는 프로필 사진을 비롯하여 휴대폰이나 PC에서 올린 사진이 리스트되어 있다.

  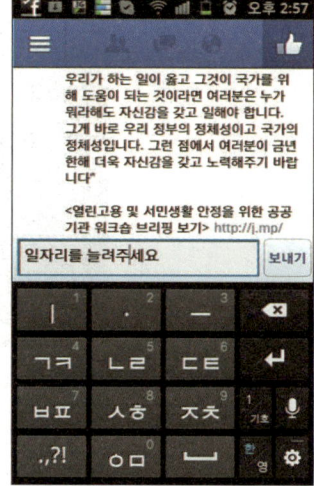

다음의 화면에서 맨 좌측의 그림 상단은 친구요청을 확인할 수 있는 부분이다. 친구요청이 들어온 경우에 빨간색으로 숫자가 나타난다. 가운데 그림의 상단은 받은 메시지를 보여주는 곳이다. 우측의 그림은 친구들의 활동과 관련된 새로운 알림사항들이 올라오는 곳이다.

페이스북에서 특정 친구를 선택하여 메시지를 보낼 수 있다. 친구 리스트 중 클린콘텐츠에게 '클린한 양심, 클린한 행동' 이라는 메시지를 작성하여 보내기 버튼을 누른다. 클린콘텐츠에게 보낸 메시지가 오른쪽 그림에 보여진다.

 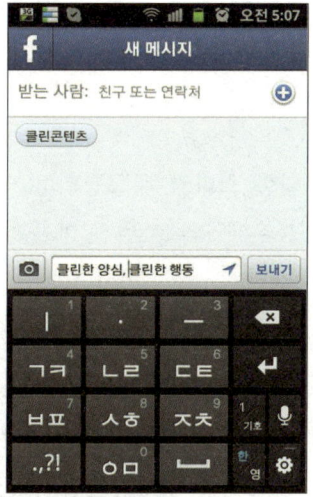 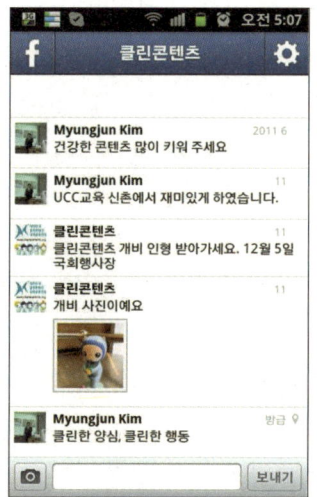

페이스북에서는 메신저를 이용한 실시간 채팅이 가능하고 노트 메뉴에서는 자신의 생각을 체계적으로 정리하여 사진과 텍스트로 포스팅을 할 수 있는 공간이다. 흔히 카페에 있는 동호회처럼 관심사가 동일한 사람과 그룹을 형성하는 것도 가능하다. 페이스북에서 '좋아요' 와 '댓글' 은 상호적 친밀감과 신뢰감을 주는 커뮤니케이션 수단이라 할 수 있다.

3. 라인(Line) 200% 스마트 활용법

네이버 라인(LINE)은 모바일 메신저로서 다양한 스티커, 무료통화, 3G에서도 무료 영상통화가 가능한 글로벌 모바일 메신저 서비스이다. 라인은 윈도우계열의 PC버전, 애플계열의 아이폰 앱, Mac 컴퓨터용, 안드로이드 앱용이 있다. 라인은 스마트폰과 스마트폰간의 무료통화 뿐 아니라 스마트폰과 PC간 무료통화 기능을 제공하며 다양한 스티커 기능과 중국어, 일본어, 한국어 번역기능 등을 제공한다. 라인의 다운로드 방법은 안드로이드마켓 플레이스토어나 아이폰의 앱스토어에 가서 "네이버라인"을 검색하면 바로 설치가 가능하다.

친구추가기능은 라인에서 가장 흥미로운 부분이다. 이 기능은 1). Shake it! 2). 초대 3). QR코드 4). ID 검색이 있다. 1번의 경우는, 라인을 설치한 누군가가 스마트 폰을 흔들고 있으면 흔들고 있는 사람끼리 친구를 추가하는 방법이다. 이 방법은 친구와 함께 서로의 손맛을 느끼며 재미있는 체험이 될 수 있도록 만든 기능인 것 같다. 3번의 경우는 라인에서 제공되는 QR코드를 상대방이 QR코드 리더기로 읽어 친구추가를 하는 방법이다.

그룹 대화 하기는 친구가 되어 있는 사람들을 나와의 관계그룹별로 나누어 쉽게 그룹으로 저장해 놓을 수 있고, 그룹 대화가 필요할 때 그룹을 클릭하여 대화가 가능하다.

라인에서는 자신의 **위치 정보 알리기** 기능이 있어 대화도중 자신의 위치정보를 보낼 수 있는 기능도 포함되어 약속장소를 알려주기에 편리하다. 더하기 버튼을 누르고 '위치정보 전송하기' 메뉴를 누르면 현위치를 알리는 지도가 나타난다. 위치정보가 올바르게 표시되었다면 터치를 하면 대화창에 위치정보를 표시할 수 있다. 메신저 기능에서 꼭 필요한 것이 영상통화와 음성통화라 할 수 있는데, 라인에서는 스마트폰간에 혹은 스마트폰에서 PC로 무료 영상통화와 무료 음성통화가 가능하다.

  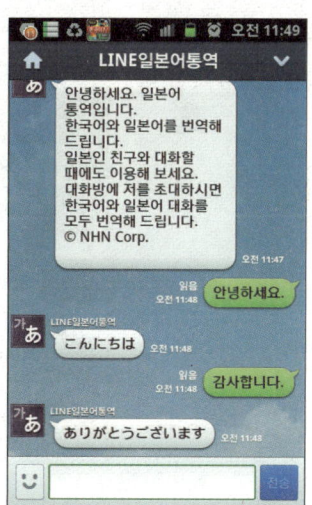

번역기능 한글로 입력 시 라인 일본어 통역 어플리케이션이 바로 통역을 해주는 기능으로, 일본으로 여행이나, 출장을 갔을 때 유용하게 쓰일 수 있다. 친구의 '공식 계정' 중에서 도구/뉴스부분의 'LINE 일본어통역'을 선택하여 추가하면 일본어통역서비스를 경험할 수 있다.

스티커 기능에서는 5,000여 개가 넘은 무료 스티커와 인기캐릭터를 중심으로 유료 스티커를 제공한다. 무료 스티커가 인기가 있어 팬시 용품으로 오프라인 샵에서 판매하는 캐릭터도 있다. 원하는 스티커를 고른 후 대화상대자에게 입력창에서 삽입하면 채팅하는 재미가 더한다.

  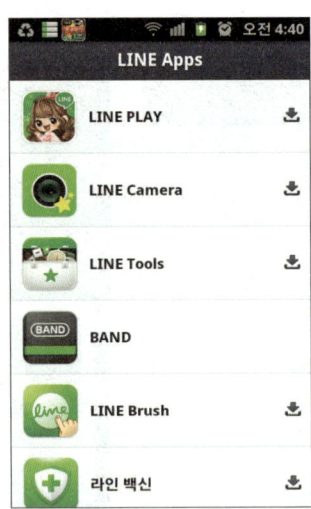

라인의 **'더보기' 메뉴**에서는 LINE Apps, Games이 있다. Games은 원하는 게임을 다운받아 라인 계정연동을 통해 친구들과 게임을 즐길 수 있고, LINE Apps은 '라인 카메라', '라인 브러시', '라인백신' 등을 설치하여 사용할 수 있다. 라인 브러시는 Brush를 이용하여 그림을 그리거나 리터칭으로 사진에 스케치 느낌을 줄 수 있다.

'라인 카메라'는 카메라 촬영 뿐 아니라 촬영한 사진에 효과를 입히는 것이 가능하다. 원본 대비 '선명하게', '뽀얗게', '아름답게' 등 여러 가지 분위기를 연출할 수 있으며 액자틀이나 하트 모양, 사진 자막 작업을 하여 원본 사진을 더 예쁘게 장식하여 SNS로 지인들에게 공유할 수 있다.

'라인 카드'는 배경 이미지를 촬영하거나 템플릿 배경 이미지를 써서 축하, 감사, 위로 등 소중한 친구, 가족, 연인에게 간단히 마음을 표현할 수 있다. 사용방법은 사진을 촬영하여 배경이미지로 한 다음에 글자입력부분에 메시지를 적은 다음 '전송' 버튼을 눌러 SNS공유를 할 수도 있고 '라인' 내에서 대화상대자를 선택하여 카드를 보내어 마음을 전할 수 있다.

4. 플리커 200% 스마트 활용법

Flickr 앱은 사진으로 이야기를 전하고 원하는 누구에게나 덧글을 허용할 수 있고 사진에 대한 설명이나 의견을 노트를 통해 추가할 수 있다. 또한 좋아하는 사진을 즐겨찾기로 지정하고 다시 찾아 볼 수 있고 자신의 사진의 공유 대상을 선별적으로 지정할 수 있다. Flickr는 모바일, 메일, 브라우저, Flickr 데스크톱 응용프로그램에서 사진을 웹에 업로드 할 수 있는 쉬운 방법을 제공한다. 플레이스토어에서 Flickr를 다운받아 설치한다.

Flickr를 실행하면 초기화면은 '로그인'을 할 수도 있고 '계정만들기'를 할 수도 있다. 로그인은 야후 회원이면 야후 아이디와 패스워드로 로그인을 할 수 있다. 야후 회원이 아닌 처음 사용자라면 계정만들기 과정을 진행해야 한다. Flickr는 자신의 닉네임을 하는 것이 가능하다.

  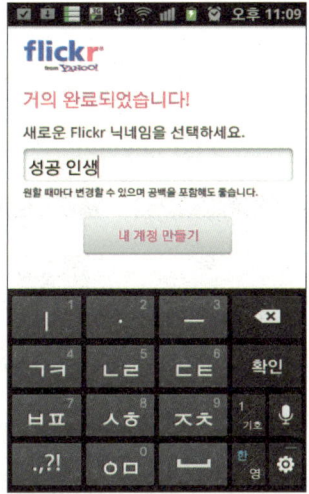

아래의 왼쪽 화면에서 '지금 사진을 찍으세요!'를 선택한다. 카메라가 동작하고 사진을 찍으면 원본, 도쿄, NYC, 베를린, 파리, 로마, 마이애미, 카이로, 베이징, Java, 시드니 중에서 하나의 효과를 선택할 수 있다. 그리고 다음을 누르면 사진의 제목과 위치를 정한다.

 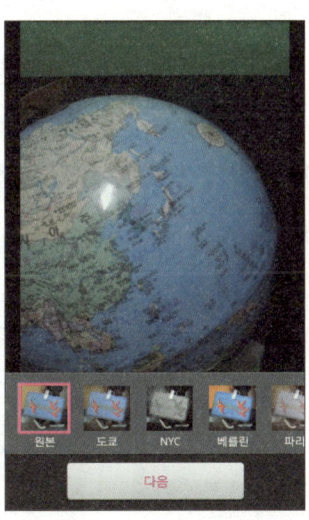 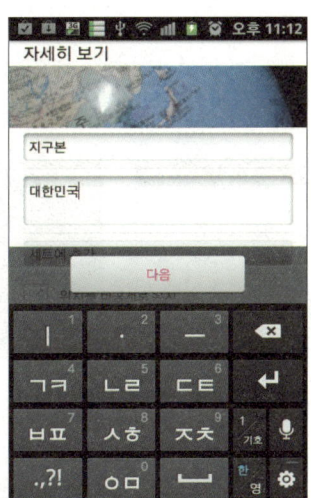

사진을 찍은 위치를 공개하거나 비공개로 할 것인지와 사진을 볼 수 있는 사람을 나만 볼 것인지 아니면 친구만 혹은 가족만 혹은 모두 공개할 것인지 택해야 한다. 검색에 나올 수 있도록 태그를 직접 기록할 수 있다. 자신이 사용하고 있는 페이스북이나 트위터 혹은 Tumblr 과 메일로 공유를 할 수 있다. 아래의 왼쪽화면에서 글자입력란에 메시지를 추가할 수 있고 '사진 업로드' 버튼을 누른다. 그러면 잠시 후에 업로드가 진행된다. 아래의 맨 오른쪽 화면에서처럼 촬영한 지구본 사진이 올라온 것을 볼 수 있다. 삼성 스마트폰을 이용해 업로드한 것이 아래에 명시되어 있다. 모두 공개로 사진을 업로드하여서 '누구나 이 사진을 볼 수 있습니다.' 라고 기록되어 있다.

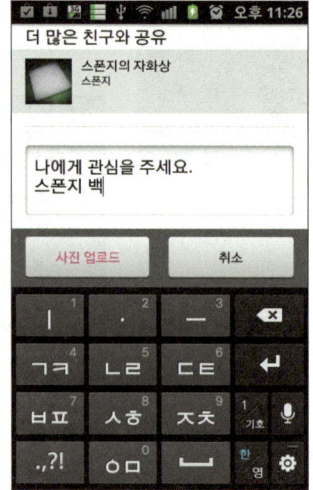

Flickr의 검색 기능을 이용하여 사람이나 사진에 대해서 검색을 하여 결과를 살펴볼 수 있다. 사진으로 옵션을 놓고 유도를 검색하니 유도와 관련된 많은 사진들이 리스트업된다.

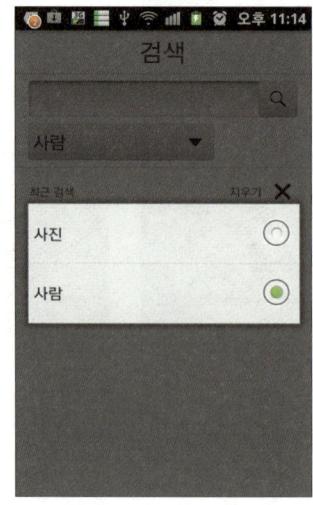

특정 사진을 선택하면 해당 사진과 관련된 글이 보인다. Flickr사용자는 사진에 대해 댓글을 추가할 수 있다. 자세히보기를 선택하면 사진을 촬영한 기기와 노출, 조리개, 초점거리, 촬영날짜 등 자세한 사진에 대한 정보를 쉽게 볼 수 있다.

  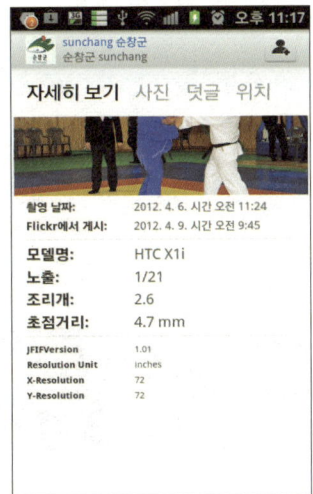

이번에는 '사람'으로 옵션을 놓고 검색을 하면 해당인물이 올린 사진이 검색됨을 알 수 있다. 그리고 최근에 검색한 검색어가 리스트돼 동일한 검색어로 검색하려면 시간절약을 할 수 있도록 도움을 준다.

 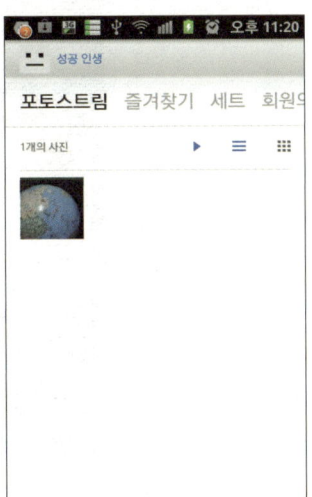 

다시 사진을 촬영하기 위한 준비모드에서 탭을 선택하면 폰 갤러리를 들어갈 수 있는 메뉴가 보인다. 폰 갤러리 메뉴를 선택하면 사진 갤러리의 사진이 보인다.

갤럭시의 사진 중에서 원하는 사진을 골라 선택한다. 사진 업로드시에 업로드 크기를 원본, 중간, 작게 중 얼마로 할지 설정에서 선택할 수 있다.

  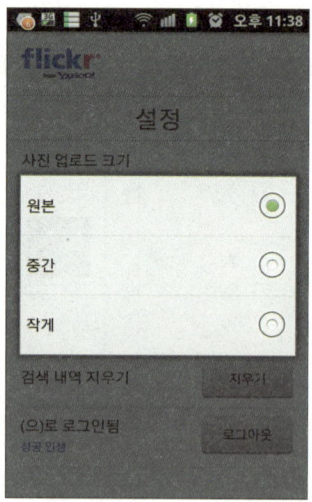

5. 유튜브 200% 스마트 활용법

플레이스토어에서 유튜브 다운받아 실행한다. 유튜브 초기화면에서 영상들이 리스트되어 보여진다. 탭 버튼을 눌러서 업로드를 선택한다.

갤러리에서 원하는 영상을 찾아 선택한다. 유튜브에서 로인을 하라는 메시지가 나온다. 지메일 계정이 있는 경우 지메일로 로그인을 하고 없는 경우에는 유튜브에 계정 추가를 한다. 로그인을 하면 자신이 올려놓은 동영상을 확인할 수 있다.

'트랜스포머 태양광자동차.mp4'를 재생하면 전에 업로드한 동영상이 보인다. 재생된 동영상을 즐겨찾기나 공유, URL복사가 가능하다. 유튜브의 카테고리를 찾아 볼 수 있다. 유튜브에서는 게임, 과학기술, 교육, 노하우/스타일, 뉴스/정치, 동물, 스포츠, 음악, 인물/블로그, 자동차 등을 구분하여 동영상을 보는 편리함이 있다.

 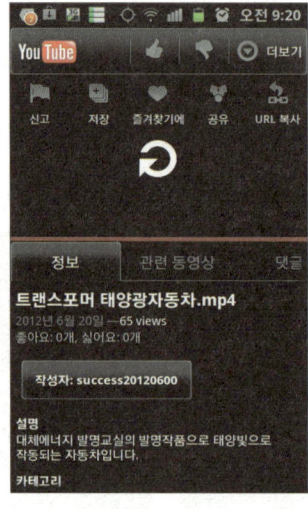 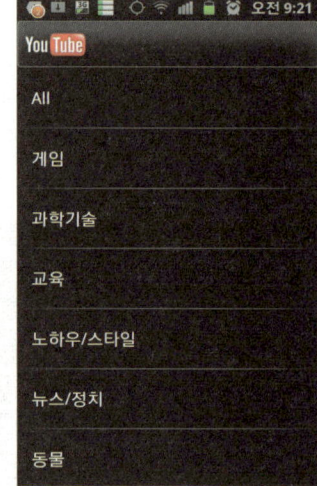

동물 카테고리를 선택할 경우 많이 본 동영상, 베스트 동영상을 감상할 수 있다.

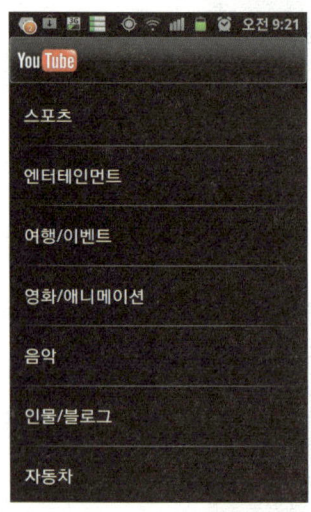 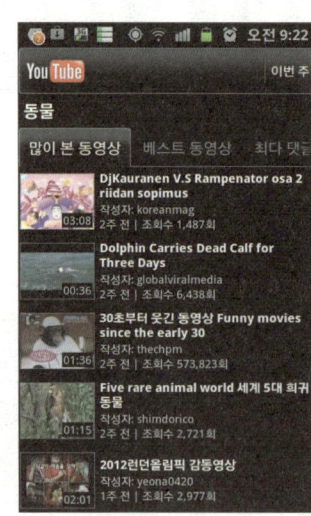 

동물 동영상 중 '30초부터 웃긴 동영상'을 친구와 공유하고자 한다면 소셜미디어나 메시지, 블루투스 등으로 공유가 가능하다. 그림에서는 카카오톡과 페이스북에서의 공유를 나타낸 예이다.

  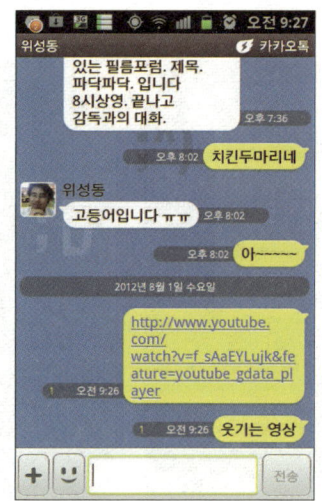

카카오톡에서의 공유 방식과 같이 페이스북에도 마찬가지로 적용하면 쉽게 유튜브 영상을 확산시키고 공유하는 것이 쉽다.

비디오를 업로드하기 위한 화면이다. 'You can set a title here'에 제목을 넣고, 업로드 버튼을 눌러 갤러리에서 파일을 선택한다. 예에서는 'car'와 'way' 동영상을 업로드한다. 파일 선택이 되면 최종 'upload' 버튼을 누른다.

업로드된 영상들은 재생버튼을 눌러서 확인할 수 있다. 3G 통신상태에서는 큰 파일 업로드들 WiFi 상태에서 올리도록 지연시켜 WiFi 모드가 되면 대기중 상태의 파일이 올라간다. 이것은 동영상으로 인한 요금을 줄이기 위한 설정으로 이해된다.

 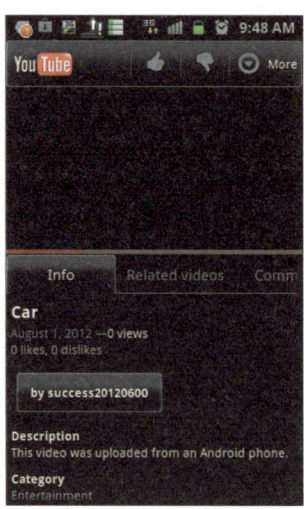 

6. 카카오톡 200% 스마트 활용법

플레이스토어에서 '카카오톡'을 다운로드하여 실행한다. 카카오톡을 설치하면 다른 SNS와 마찬가지로 친구를 만드는 일이 중요하다. 설정에서 '연락처에서 카카오톡을 사용하는 지인을 자동으로 친구로 등록한다.' 즉, '자동친구등록'으로 된 경우에는 카카오톡 가입을 하고 얼마 지나지 않으면 친구리스트가 늘어나기 시작한다. 시간이 지나면 친구에 친구리스트가 있는 것을 볼 수 있다.

 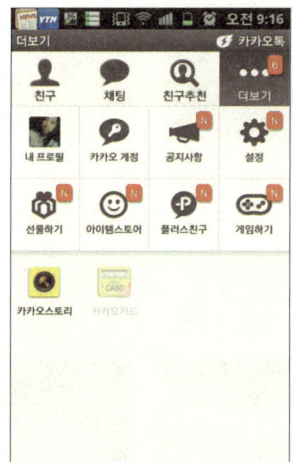 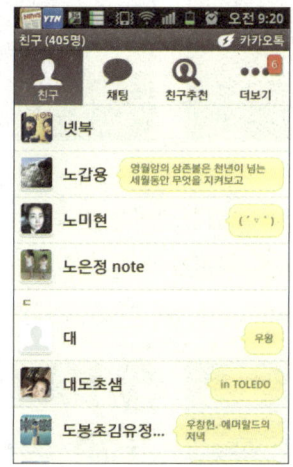

자주 카카오톡으로 대화하는 친구를 즐겨찾기에 등록할 수 있다. 즐겨찾기에 등록하면 맨 앞 페이지에 위치하기 때문에 번거롭게 검색할 필요 없이 바로 대화할 수 있는 장점이 있다.

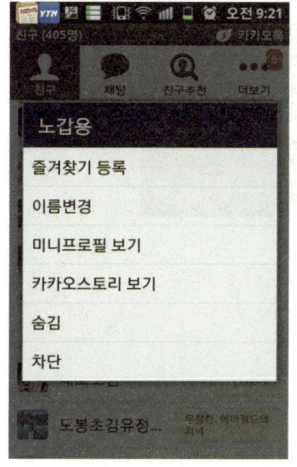  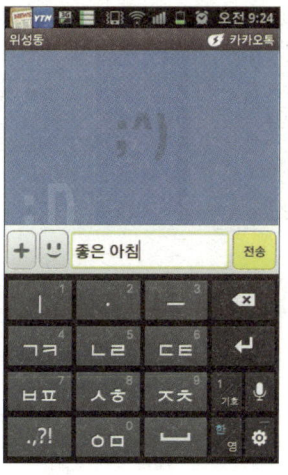

카카오톡에서 친구와 글입력을 통해 TEXT로 대화할 수 있다. 대화시에 만약 여러 친구들과 대화를 하고자 하는 경우에는 탭을 누른 다음에 '대화상대 추가' 버튼을 누른 다음 친구리스트에서 대화에 추가로 참여할 친구를 골라 체크표시하고 '확인' 버튼을 누른다.

 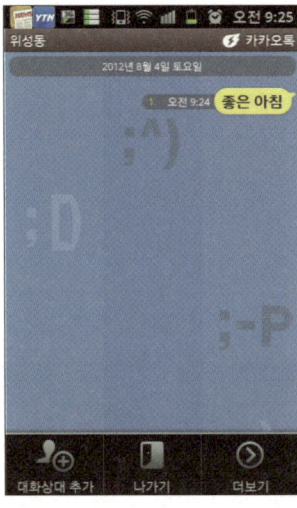 

보기에서는 대화상대 추가를 2명을 더 하여 총 4명 간의 그룹채팅으로 묶은 예이다. 대화상대자로 나중에 참여한 사람들은 자신들의 의지에 따라 임의적으로 채팅방 나가기를 할 수 있다. 그룹채팅 운영 후에는 반드시 채팅방 나가기를 해 주는 센스가 필요하다.

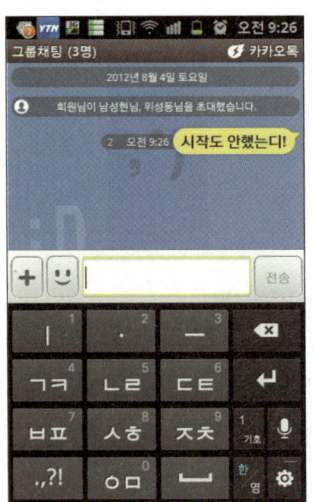  

친근한 사이라면 대화에 있어서 효과적인 감정전달을 위해 이모티콘을 사용해도 좋다. 대화중 사진을 보내고자 할 때에는 글자입력 키보드 위쪽에 위치한 십자모양의 아이콘을 클릭하여 사진앨범을 터치한다.

  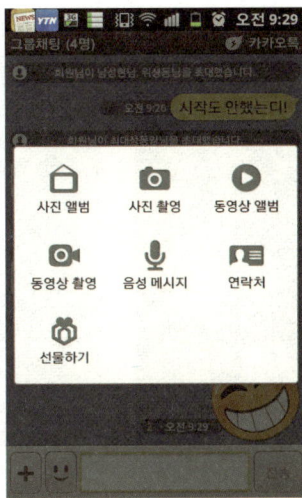

사진은 한 장 혹은 여러 장을 선택하여 대화상대자에게 보낼 수 있다. 또한 실시간으로 카메라로 촬영하여 현장의 분위기를 전달하는 것도 가능하다.

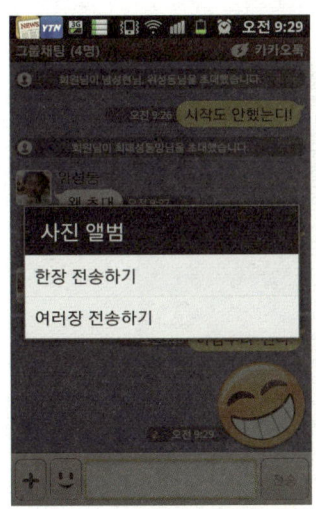  

사진뿐 아니라 동영상도 갤러리에서 선택하여 보낼 수 있는데 용량이 크면 전송에 제한이 있다는 점이 아쉬운 점이다. 이번에는 음성메시지를 대화 상대에게 보내보자 글자입력 키보드 위쪽에 위치한 십자 모양의 아이콘을 클릭하여 '음성메시지'를 터치한다. 그러면 녹음버튼이 나타난다.

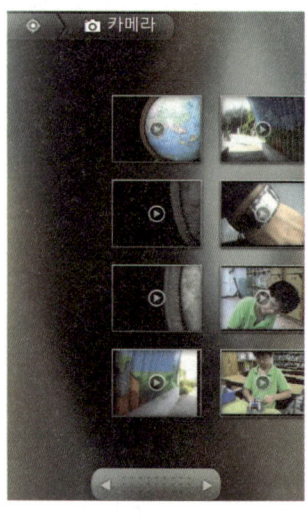  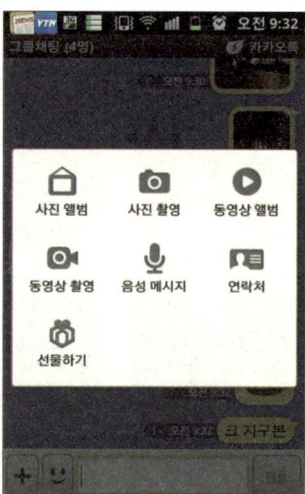

멘트가 준비되었다면 녹화버튼을 눌렀다가 멘트가 끝난 후 종료 버튼을 누른 다음, 재생 버튼으로 확인해 보고 녹음이 되었다면 '보내기' 버튼을 누른다. 대화창에 녹음테이프 모양으로 보이는 것이 녹음 내용이다.

  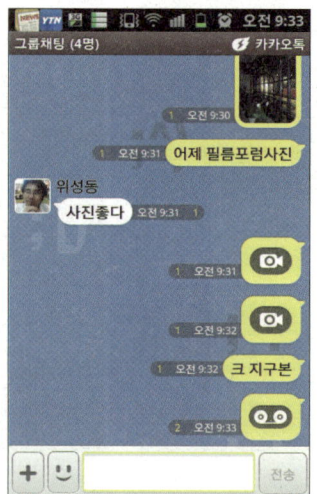

친구 추천 메뉴에서는 친구를 추가하는 것이 가능하다. '더보기'에서는 내 프로필, 카카오 계정, 공지 사항 등을 확인할 수 있다. 프로필에서 주로 연락처와 성명 혹은 닉네임, 상태 메시지와 아이디 검색 허용 여부를 설정한다.

 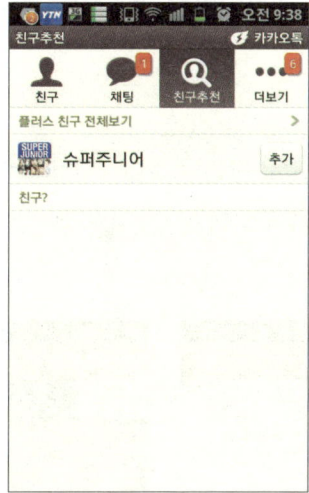 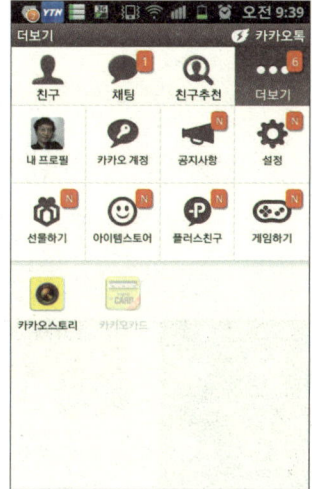

카카오 계정을 설정하면 스마트폰 기기를 교체하거나 번호가 변경되어도 카카오톡에 등록된 기존 정보를 유지할 수 있는 장점이 있다.

  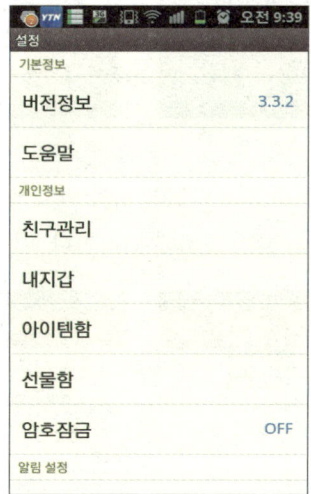

7. 카카오스토리 200% 스마트 활용법

카카오스토리는 카카오톡과 함께 국민의 사랑을 받는 소셜네트워킹서비스 중의 하나이다.

카카오톡은 대화의 기능이 강화된 것이라 하면 카카오스토리는 사진과 글로 느낌을 비주얼하게 전하는 것이 특징이다.

카카오스토리를 실행하면 맨처음 카카오스토리에서의 친구들의 소식을 볼 수 있다. 소식 메뉴에서 실시간으로 최근의 글이 맨위에 위치한다. 내스토리에서는 자신의 올린 사진들이 썸네일 형태로 나타난다.

카카오스토리에서 친구 메뉴에는 친구들의 목록이 나타나고 하단의 친구찾기 탭을 누르면 친구를 초대하거나 추천받은 친구에게 친구신청을 하는 것이 가능하다.

하단의 친구신청 탭을 선택하면 받은 친구신청에 대해 수락을 하거나 무시할 수 있고 내가 다른 사람들에게 보낸 친구신청에 대한 리스트를 확인할 수 있다.

더보기에서는 나의 프로필을 확인하거나 다른 카카오 서비스 목록에 대해서 아이콘 형태로 살펴볼 수 있다. 설정에서는 카카오스토리의 버전정보나 글자크기의 설정, 알림설정, 사진 저장 여부 등을 확인할 수 있다.

내프로필은 언제나 편집이 가능하며 카카오 계정을 카카오스토리 계정으로 사용할 수도 있고 별도의 카카오스토리 아이디를 만들어 사용할 수도 있다. 이름부분에는 SNS에서의 신뢰성과 지속적인 유대관계를 위하여 실명을 사용하는 것이 좋다.

카카오스토리에서 글을 작성하는 방법에는 촬영, 앨범에서 선택, 글쓰기가 있다. 예에서는 앨범에서 선택한 경우를 화면으로 제시한다. '앨범에서 선택'을 누르면 갤러리의 사진들이 나타나며 이중 올리고자 하는 사진을 선택하면 된다. 사진을 선택하고 필터를 적용하거나 사진을 회전 또는 정사각형의 형태로 조정할 수 있다.

사진에 대한 조정이 끝나면 확인 버튼을 누른다. 올리기 화면에서 사진과 어울리는 글을 작성한다. 작성이 끝나면 공개 여부를 설정하고 '올리기' 버튼을 누른다.

글쓰기를 완료하면 소식 메뉴에서 자신이 금방 올린 글을 확인할 수 있다. 내스토리의 메뉴에서도 동일하게 확인이 가능하다. 방금 올린 글에 대한 썸네일을 클릭하면 아래의 오른쪽 화면과 같이 나타난다. 여기에서 공유버튼을 누르면 타인과 내 글을 공유할 수 있다.

공유는 카카오톡이나 카카오스토리로 바로 공유한다. 타인의 카카오스토리의 글에 공감할 경우에는 댓글 대신 아이콘으로 감정을 표현할 수도 있다.

8. 밴드 200% 스마트 활용법

밴드앱은 소모임을 쉽게 할 수 있도록 특화된 것으로 나와 연결된 모임을 더 끈끈하게 만들어 주는 서비스이다. 이 앱을 활용하면 학교동창, 동호회, 직장 내 팀모임, 가족 모임, 커플 모임, 절친 모임 등이 가능하다. 서로 챙기기 어려운 생일이나 결혼기념일, 가정 내 대소사 등도 일정에 입력하면 놓치지 않고 앱이 알려 준다. 모임 날짜나 모임 장소가 고민이라면 투표를 통해 정할 수 있다.

플레이스토어를 실행하여 검색창에서 '밴드'를 입력해 밴드앱을 설치할 수 있다. 설치 후 스마트폰의 맨 마지막 페이지에서 밴드앱을 찾을 수 있다. 밴드를 실행하면 초기화면에서 '새밴드만들기'가 보인다. 새로운 모임을 만들려면 '새 밴드 만들기'를 클릭한다. 초대를 받은 경우라면 '초대를 받았다면'을 클릭하면 초대 받은 모임을 확인할 수 있다.

밴드만들기 화면에서 '밴드 이름'이라고 된 부분에 새로 만드는 소모임명을 적는다. 예에서는 '전국미디어교육강사모임'이라고 소모임명을 입력한다. 모임명 입력을 완료하면 새로운 밴드의 모임이 생성된 것을 볼 수 있다. '전국미디어교육강사모임'을 클릭하여 들어가면 게시판에 새로 올라온 글들을 확인할 수 있다.

게시글 중에서 호감이 가는 글에 '좋아요', 또는 '댓글달기' 가 가능하다. '댓글달기' 를 선택하면 글입력란이 나타나고 여기에 댓글을 달면 게시글 아래에 댓글이 달린다.

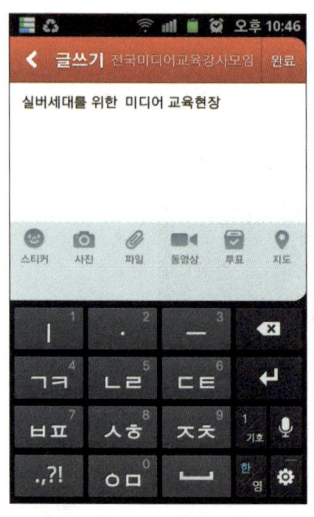  

이번에는 '글쓰기' 메뉴를 눌러 직접 글을 써본다. 예에서는 '실버세대를 위한 미디어교육현장' 이라는 내용을 입력하고 이와 관련된 교육하는 모습의 사진을 첨부한다. 첨부에는 사진뿐만 아니라 파일이나 동영상, 지도 등이 가능하다. 내용글과 사진을 첨부한 다음 '완료' 버튼을 누르면 게시된 글이 사진과 함께 나타남을 볼 수 있다.

일정 메뉴를 누르면 캘린더가 나타나면서 입력되어 있는 일정을 볼 수 있다. 예를 든다면 생일이나 여행 등의 일자를 미리 입력해 놓으면 여기에서 나타난다. 사진첩 메뉴를 선택하면 기존에 올린 사진을 모아 썸네일 형태로 보인다. 채팅방 메뉴는 채팅에 초대된 인원들이 함께 볼 수 있고 실시간으로 대화를 나누는 것이 가능하다.

멤버 메뉴를 클릭하면 소모임 주체자를 비롯하여 모임의 멤버들이 리스트업되고 멤버와 1:1 채팅도 가능하다. 상단의 좌측에 있는 '멤버초대'를 클릭하면 '라인 친구 초대', '카카오톡 친구 초대', '연락처 친구 초대', '휴대폰 번호 직접 입력' 등 다양한 방법으로 친구 초청이 될 수 있도록 하고 있다.

  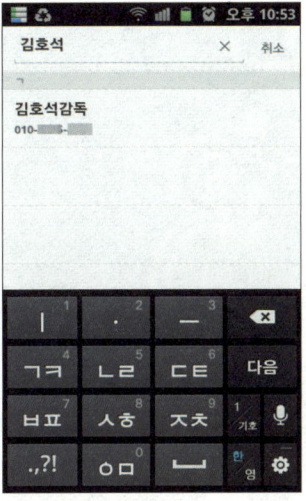

예에서는 '연락처 친구 초대' 초대 방법으로 초대 메시지를 보낸다. 초대 메시지는 자신에게 적합하게 적절히 수정하여 '보내기' 버튼을 누른다. 그러면 다음의 그림에서 보는 것과 같이 '초대중 멤버' 리스트에 나타난다. 밴드는 소모임을 간편하고 빠르게 연결할 수 있는 SNS서비스이다.

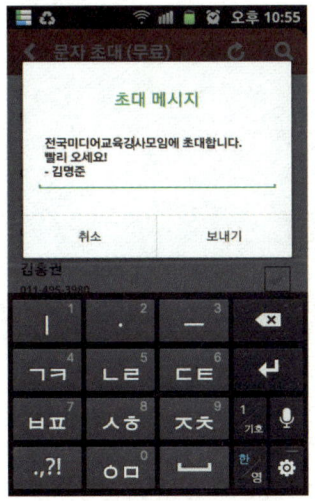 

Ⅶ. 스마트 QR 홍보마케팅 전문가 되기

1. QR코드 앱 다운받기

2. 코드 앱을 활용한 바코드와 QR코드 인식하기

3. QR코드 생성하여 홍보마케팅 하기

4. QR코드로 홍보 마케팅 사례

5. QR Droid 앱을 활용하여 QR코드 만들고 홍보하기

1. QR코드 앱 다운받기

QR코드(Quick Response Code)는 흑백의 격자 무늬패턴으로 정보를 기록하는 2차원 바코드로 표준화된 기술이다. 다양한 정보를 담아 누구나 손쉽게 생성, 배포할 수 있다는 장점이 있어 일본을 중심으로 많은 나라에서 모바일 서비스와 연계되어 사용되고 있는 기술이다. 다음커뮤니케이션은 최근 각광을 받고 있는 QR코드를 활용해 일반 이용자, 기업, 상점들이 자신의 정보를 입력해 쉽게 만들 수 있는 QR코드 생성 서비스를 제공하고, 'Daum' 어플리케이션으로 QR코드에 비추면 자동으로 코드에 입력되어 있는 정보를 보여주는 코드 검색 기능을 제공한다. 네이버에서도 네이버 QR코드를 제공하여 QR코드의 생성에서부터 출력 그리고 보관과 공유까지 편리하게 이용할 수 있다. 스마트폰에서는 플레이 스토어에서 QR코드로 검색하면 QR관련 앱을 다운 받아 사용할 수 있다.

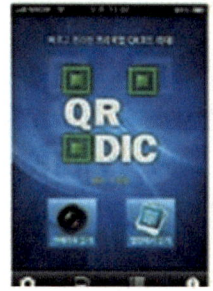    

QR코드 앱에는 QRDIC, QR 바코드 스캐너, 에그몬 등 많은 종류의 앱이 존재하므로 사용자는 자신의 용도에 적합한 앱을 다운받아 사용해야 한다.

2. 코드 앱을 활용한 바코드와 QR코드 인식하기

 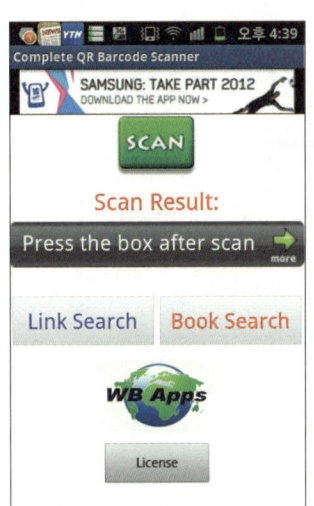

QR코드를 읽는 방법은 QR코드가 부착된 면을 향하여 스마트폰에서 QR코드 리더 앱을 실행하여 촬영하면 QR코드에 기록된 글씨나 전화번호, 이메일 주소, 홈페이지 주소 등을 판독할 수 있다. 홈페이지 주소의 경우는 링크로 바로 이동할 수 있다. QR코드를 스캔할 수 있는 앱으로 코드를 스캔하여 보고자 한다. 스마트폰에 SCAN앱을 설치한 후에 실행한 다음 책 뒤면에 있는 바코드를 스캔한다. 스캔이 진행되면 그 결과 판독된 숫자가 스마트폰에서 보인다.

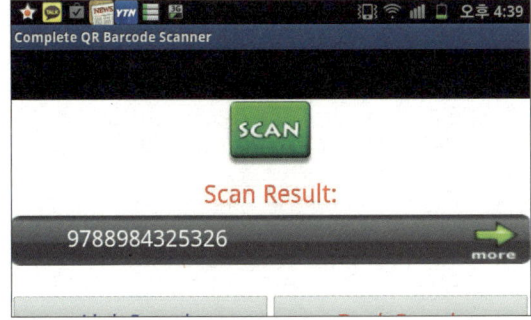 

'Search'를 누르면 웹사이트에 있는 바코드 번호를 연결하여 링크를 찾아 준다. 제시한 링크를 클릭하면 인터넷 서점의 해당 책구입 코너로 바로 연결된 것을 볼 수 있다.

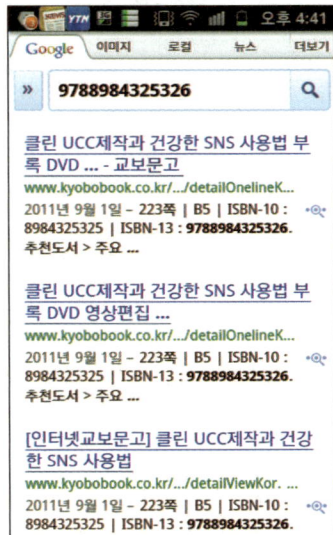 

3. QR코드 생성하여 홍보마케팅 하기

스마트폰 앱보다는 포털에서의 QR코드가 활용하기에 적합하여 네이버QR코드를 예를 들어 설명한다. 네이버에서 로그인 후에 네이버 검색창에 '네이버QR코드' 라고 입력한다. 그러면 네이버QR코드 (http://qr.naver.com) 바로가기 연결이 나온다. 네이버qr코드 홈페이지로 접속한다. 아래의 화면에서 '네이버QR코드만들기'를 클릭한다. 1단계 '정보입력선택'에서 사이트링크를 하는 경우라 가정할 때 'QR코드 인식시 링크로 이동' 을 선택하고 다음 단계로 넘어간다.

제2단계 '기본정보입력'에서 먼저 코드정보를 입력한다. 코드제목은 필수입력란으로 5자에서 20자까지 입력이 가능하다. 코드 제목을 입력한 다음 테두리 컬러를 선택한다. 다음으로 공개코드로 내보낼 것인지 여부를 확인하고 QR코드 외부 수집을 허용할 것인지 결정한다. 그런 후 '다음단계' 버튼을 누른다.

해당 웹주소를 직접 입력한 후에 미리보기를 통해서 사이트주소가 바르게 연결되어 있는지 확인한다. 미리보기에서는 잘 보이지만 스마트폰에서 일부 안 보이는 부분이 생길 수 있는데 그것은 플래시로 만들어진 부분은 미리보기에서는 보이나 스마트폰에서는 안 보인다. 작성이 다 되었다고 생각되면 '작성완료' 버튼을 누른다.

네이버 QR코드가 생성되었다는 메시지와 함께 완성된 QR코드 이미지가 보인다. 미리보기 버튼을 누르면 더 큰 이미지로 QR코드를 볼 수 있다. 여기가 제4단계, 코드생성완료 단계이다. 코드의 생성일과 코드URL, Html정보를 볼 수 있다. html 태그는 원하는 곳에 복사하여 붙여넣기 하면 된다.

코드 저장을 위해서는 코드 저장 버튼을 누르면 '코드 저장하기' 팝업이 나타난다. 원하는 파일형식으로 확장자를 선택하고 사이즈를 선택한 다음 저장을 하면 QR코드를 저장하는 것이 가능하다.

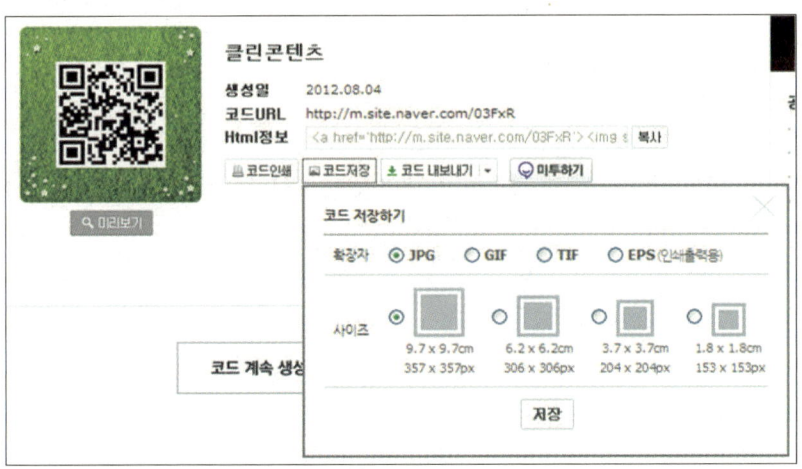

코드를 내보내기 하려면 ' 코드 내보내기' 버튼을 클릭하여 메일로 보낼 것인지 블로그에 담을 것인지 아니면 휴대폰으로 전송할 것인지 선택한다. 네이버 사용자의 경우는 바로 미투데이와 연결하여 QR코드를 보내기 할 수 있다. 새로운 코드를 계속해서 만들려면 '코드 계속 생성'으로 가고 코드를 그만 만들고 자신이 만든 코드를 확인할 경우에는 '내코드관리 가기' 버튼을 누른다. 내코드관리에 가보면 자신이 생성한 QR코드가 리스트되어 있음을 볼 수 있다.

여기에서도 코드인쇄, 코드 저장, 코드 보내기 등이 가능하고 내가 만든 QR코드에 대해 총 조회수와 총 방문자에 대한 데이터도 확인할 수 있다.

4. QR코드로 홍보 마케팅 사례

QR코드를 이용하여 명함, 청첩장, 책자 등에 연락처, 약도, 책에 대한 정보 등을 스마트폰으로 바로 접속할 수 있도록 하는 것이 가능하다. 또한 블로그, 카페, 미니홈피 등의 주소를 친구들에게 알려 주고, 회사의 웹사이트나 제품을 홍보하는데 활용할 수 있다.

QR코드는 옷에 프린트되어 사용할 수도 있고 영상이나 이미지로 보여질 수도 있는 최근에는 QR코드가 영화제에 활용되기도 한다. 주류, 신문, 잡지, TV, 광고판, 게시판에서도 활용한다. 주차관리, 순찰관리, 주소판활용, 옥외광고물관리 등 시설관리에 QR코드를 활용할 수 있다. 제품의 매뉴얼을 QR코드로 연결하여 서비스하는데에도 사용된다.

5. QR Droid 앱을 활용하여 QR코드 만들고 홍보하기

1차원 바코드의 '진화'된 2차원 바코드인 QR 코드는 연락처 정보, 링크, 지리 위치 등을 공유 할 수 있다. 2차원 바코드를 생성하고 판독할 수 있는 QR Droid 앱을 활용하여 잡지나 비디오를 보다가 폰 카메라를 이용해 QR코드 스캔이 가능하며 자신의 스마트폰에 저장된 주소록을 QR코드로 만들고, 다른 사람의 QR코드도 스캔할 수 있다. QR Droid를 설치하기 위해서 먼저 플레이 스토어에서 다운로드를 한다.

앱프로그램이 로딩되면 QR코드를 스캔할 수 있는 '스캔' 메뉴가 나온다. 이때 QR코드가 나오는 화면이나 이미지를 대상으로 촬영하면 QR코드의 정보를 가져올 수 있다. 아래의 QR코드를 QR Droid 앱을 실행한 다음 촬영하면 해당 URL 정보를 보여준다.

<QR코드 스캔 프로그램으로 QR코드를 촬영해 보세요.>

URL정보가 나온 화면에서 공유를 누르면 자신이 가입한 SNS와 이메일 등으로 연결할 수 있는 리스트가 보인다. 화면에 보이는 '트위터'를 선택하면 트위터의 글쓰기 모드에 해당 URL정보가 붙는다. '트윗' 버튼을 누른다.

트위터의 타임라인에 자신이 쓴 글이 나와 있음을 볼 수 있다. 개별 글을 클릭하면 URL 링크가 되어 있다. 링크를 클릭하여 홈페이지로 연결된 화면이 아래의 맨 오른쪽의 화면이다.

QR Droid 앱에서 이번에는 공유기능을 이용하여 URL을 휴대폰의 메시지로 보낸다. '메시지'를 터치하면 문자메시지 작성모드에서 URL정보가 자동으로 입력된다. 수신인을 정하여 문자를 보내면 아래의 맨 오른쪽의 화면처럼 수신의 핸드폰에서 해당 내용을 확인할 수 있다.

 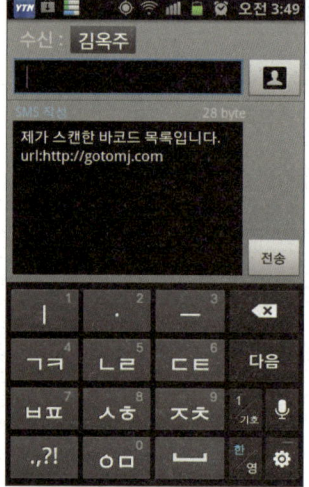 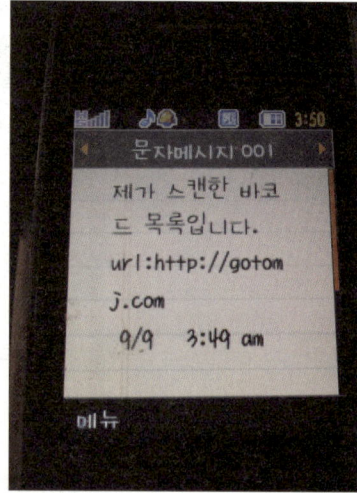

QR Droid 앱에서 URL정보가 보일 때 '인터넷 검색' 메뉴를 누르면 아래의 가운데 화면처럼 스마트폰의 인터넷웹브라우저에서 해당 URL링크 정보를 찾아 보여준다. 아래의 맨 왼쪽 화면에서 'QR코드'를 누르면 해당 URL정보에 대한 QR코드를 이미지로 볼 수 있다.

QR Droid 앱에서 이메일 공유를 하면 이메일 수신인을 정하여 메일을 보낼 수 있다. 물론 스마트폰에서 바로 이메일을 공유하고 받아 볼려면 이메일 계정을 스마트폰의 이메일 앱에서 설정을 미리 해 놓아야 가능하다. 화면의 예는 스마트폰의 네이버메일에서 바로 스마트폰의 구글이메일로 수신하여 확인한 것이다. 이메일을 폰에서 보내면 모바일에서 전송했다는 메시지가 하단에 붙어 있다.

이번에는 QR Droid 앱에서 페이스북으로 공유를 한 예를 볼 수 있다. 스마트폰에서 페이스북 공유를 터치하면 페이스북의 글 작성 모드로 화면이 전환된다. 페이스북의 글쓰기 화면에서 해당 URL정보는 자동으로 붙는다. 그러나 작성글은 사용자가 내용을 적절히 입력해야 한다. 글입력란에 입력을 다했다면 '공유하기' 버튼을 누른다. 그러면 페이스북의 타임라인에 공유기능으로 보낸 글이 게시되어 있음을 알 수 있다.

 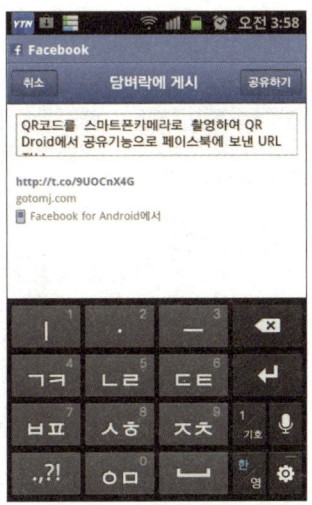 

QR Droid 앱을 처음부터 다시 실행하여 아래의 '공유' 버튼을 누른다. 그러면 화면이 공유화면으로 전환되는데 이 중에 '내명함'를 터치하면 연락처 추가하기가 나온다. 기존의 연락처가 있는 경우 그것을 그대로 이용할 경우는 이름 리스트에서 이름을 찾아서 사용할 수 있고 '연락처 추가하기'를 누르면 새로운 연락처를 작성할 수 있다.

내 명함에서 상세 필드에 해당하는 '이름', '조직', '이메일', '우편번호', '웹사이트', '메모'에 대한 내용을 입력할 수 있다. 입력이 끝나면 명함 생성 버튼을 누른다. 그러면 다음의 맨 오른쪽 화면과 같이 QR코드 이미지가 생성된 것을 볼 수 있다. 코드 위의 '크기' 메뉴나 '색상' 메뉴에서 QR코드명함의 크기나 색상을 바꿀 수 있고 '로고' 메뉴를 활용하면 로고이미지의 삽입도 가능하다. '라벨' 메뉴에서는 QR코드 명함 아래 부분에 간단히 텍스트를 붙일 수 있다. 다음의 그림에서 맨 오른쪽의 화면을 보면 QR코드 명함의 바로 아래 쓰여있는 'MJ.COM'이 라벨 작성의 예이다. 라벨 표시 아래 부분에 '정보' 링크가 있는데 이것을 터치하면 연락처 정보에 대한 내용이 팝업으로 표시됨을 알 수 있다.

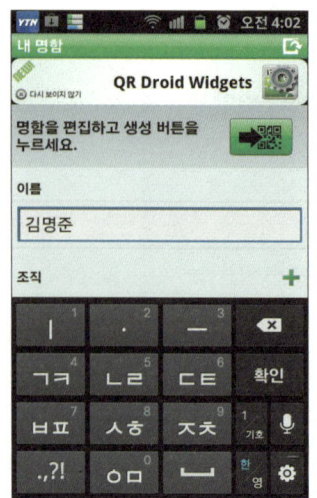  

연락처 정보를 '복사' 버튼을 눌러 복사하면 '클립보드로 복사' 되었다는 메시지가 잠시 보여진다. 복사하여 메모장 앱이나 SMS에 붙여서 저장하거나 전송할 수 도 있다. 그렇다면 QR코드 명함의 아래에 '공유버튼'을 누르면 '첨부된 이미지' 혹은 'QR.ai URL' 등이 나오는데 '첨부된 이미지'를 누르면 다음의 맨 오른쪽 화면과 같이 고유할 수 있는 리스트가 보인다. 이번에는 카카오스토리에 올리기 위해 '카카오스토리'를 선택한다.

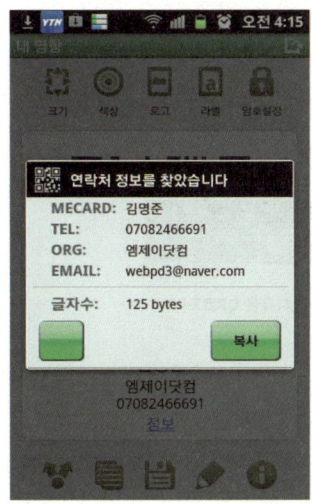  

화면이 전환되어 '카카오스토리'에서 이미지를 첨부하는 작업을 할 수 있다. 명함을 첨부한 후에 '확인' 버튼을 누른다. 글올리기 화면에서 'QR코드명함'이 첨부된 상태에서 내용글을 입력한 다음 '올리기'에서 '완료' 버튼을 누른다. 다음의 맨 오른쪽 화면에서처럼 방금 올린 글을 카카오스토리의 '소식' 메뉴에서 확인할 수 있다.

내가 만든 QR코드 명함을 QR Droid 앱에서 공유기능을 이용하여 '네이버카페' 에 올려보도록 한다. 카페에 올리기 위해 다음의 왼쪽 그림처럼 '네이버카페'를 터치한다. 화면은 네이버카페의 글쓰기 모드로 바뀌면서 가입카페가 여러 개 있는 경우는 해당 카페를 선정해 주어야 한다. 보기에서는 '강서UCC동호회' 카페를 선택한다. 또한 게시글을 어느 카테고리에 올릴 것인지 정해 주어야 한다. 가운데 보기 화면에서는 '스마트라이프' 게시판에 글을 올리는 것으로 한다. QR코드 명함이미지는 자동으로 붙기 때문에 내용글과 글 제목만 입력하고 '저장' 버튼을 누르면 글쓰기를 완료할 수 있다. 물론 사전에 인터넷 브라우저에서의 네이버카페로 접근이 아닌 네이버카페 앱을 플레이스토어에서 설치해야 지금의 작업이 가능한 것이다. 글쓰기 한 후에 업로드된 글을 다음의 맨 오른쪽 화면에서와 같이 볼 수 있다.

공유버튼에서 '첨부된 이미지'를 선택하지 않고 'QR.ai URL'을 선택하면 '공유'와 관련하여 팝업이 다음의 맨 왼쪽 그림과 같이 나타난다. '단축 URL 얻기, 당신의 QR코드는 QR Droid 서버로 업로드 됩니다. ... 계속 진행하시겠습니까?' 라는 팝업의 글 내용에 대해 '예'를 선택한다. 그러면 'URL 단축 중' 이라는 메시지가 잠시 보여 지고 사라진 다음 QR Droid의 공유화면이 나타나는데 공유리스트에서 'me2day'를 선택하여 다음의 가운데 그림과 같이 단축URL이 글 내용입력란에 자동으로 붙어 있음을 볼 수 있다. 글을 '올리기' 하면 게시글 내용을 볼 수 있다.

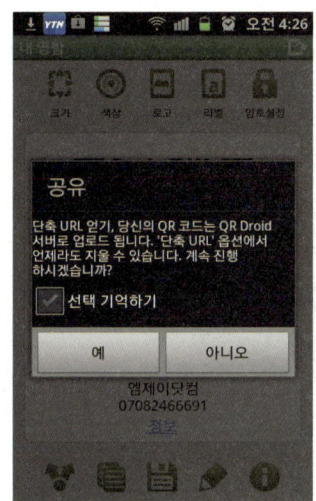  

공유 버튼 바로 오른쪽 옆에 있는 버튼은 '복사' 버튼이고 복사 버튼 옆의 디스켓 모양의 버튼은 '저장' 버튼이다. '저장' 버튼을 터치하면 내가 만든 명함을 확장자 PNG나 JPG 이미지로 스마트폰의 SD 카드에 저장이 가능하다. 이렇게 저장한 명함을 과거기록에서 명함리스트를 터치하면 가운데 화면에서와 같이 명함 내용을 불러 올 수 있고 연락전화번호를 클릭하면 전화번호를 저장하거나 전화를 걸 수도 있다.

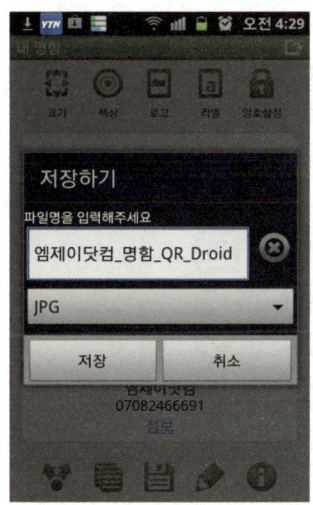  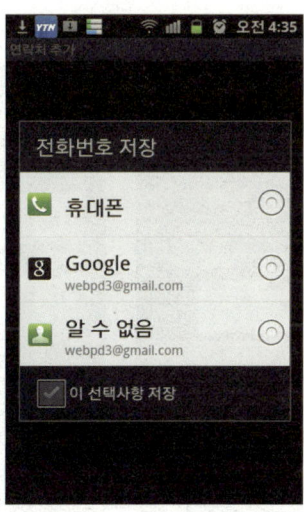

공유에서 '연락처'를 터치하면 새로운 연락처를 QR코드로 작성할 수 있다. 각 필드에 데이터 입력이 완료되면 'QR코드로 변환할 데이터를 선택하세요'라고 적혀진 옆의 화살표 버튼을 터치한다. 그러면 QR코드를 만들 수 있다. 생성된 QR코드로 이미지로 저장하기 위해서는 '저장' 버튼을 누른다. 팝업으로 나타난 '저장하기' 화면에서 파일형식과 파일 이름을 정하고 '저장' 버튼을 누르면 내스마트폰의 SD카드에 출력이 가능하다. QR코드에 라벨을 붙이려면 '라벨' 메뉴에서 추가될 라벨의 내용을 입력하면 다음의 그림 맨 오른쪽과 같이 라벨 메시지가 나타난다.

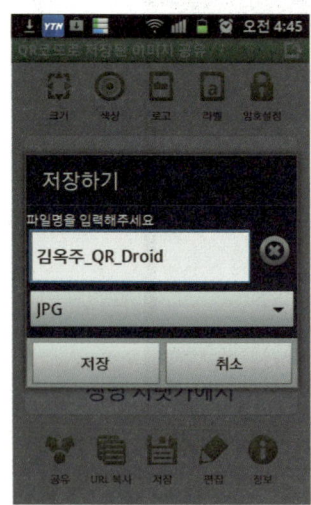 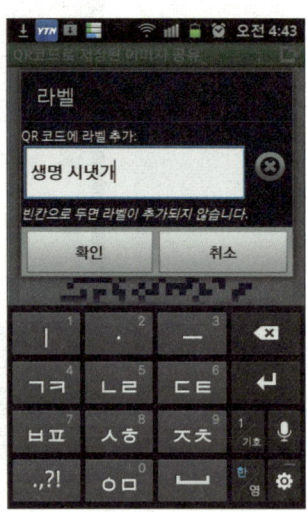 

다시 간단하게 정리하면 QR Droid앱에서의 정보를 공유하는 방법은 QR Droid를 실행한 다음 공유하고자하는 내용에 따라 옵션에 의해 "만들기"버튼을 터치한다. QR 코드를 볼 때까지 화면의 지시에 따른다. 친구에게 만들어진 QR 코드를 보여주면 친구는 당신의 화면에서 카메라로 스캔 및 공유 정보를 얻을 수 있다.

QR Droid앱에서의 QR 코드를 스캔하는 방법은 먼저 QR Droid를 실행한다. 그리고 카메라의 뷰 파인더에 QR코드를 중앙에 위치시킨다. QR Droid는 즉시 스캔 시작한다. 스캔 시 일부 장치에서는 집중할 수 있도록, 코드와 카메라 사이에 3피트의 거리가 필요하다. 스캔 정보는 아무 것도 누르지 않아도 표시되어 진다. QR Droid에서는 미리보기가 있다. YouTube 동영상에 대한 링크가 있다면, 스캔 QR 코드를 통해 즉시, 비디오의 이미지, 제목과 시간을 볼 수 있다. 스캔 QR 코드가 지리적 위치 정보를 담고 있는 경우, 미니 Google지도를 볼 수 있다.

QR Droid앱에서의 사용 권한에 대하여 살펴보면 다음과 같다.

인터넷 : QR Droid는 주어진 URL에 따라, 인터넷에서 QR 코드로부터 디코딩 할 수 있다. ACCESS_NETWORK_STATE : 많은 양의 데이터를 사용할 수 있기 때문에 와이파이를 사용하는 동안에 웹 페이지의 미리보기를 표시 할 수 있도록 QR Droid를 설정할 수 있다. WRITE_EXTERNAL_STORAGE : SD 카드에 생성 된 QR 코드를 저장할 수 있다.

카메라 : 카메라에서 코드를 스캔 할 수 있지만 사용자가 QR Droid 앱을 사용하지 않는 동안에는 QR Droid는 카메라에 액세스 할 수 없다.

플래시 : QR Droid는 조명조건을 개선하는 데에 카메라 플래시를 사용할 수 있다. INSTALL_SHORTCUT : QR Droid는 하나의 탭으로 접근할 수 있도록 가장 많이 사용되는 기능에 대한 바로 가기를 만들 수 있다.

READ_CONTACTS : QR Droid는 연락처를 나열할 수 있다. 그래서 허가 없이 작성해야 할 모든 때마다 스스로 아무 것도 입력하지 않고 정보 사용자가 하나를 선택하고 공유 할 수 있다. 장치에 전혀 정보를 남기지 않고 사용자는 자신의 연락처를 볼 수 있다.

READ_HISTORY_BOOKMARKS : 아무것도 입력하지 않고 QR Droid는 브라우저의 즐겨 찾기를 나열한다. 장치에 전혀 정보를 남기지 않고 사용자는 즐겨 찾기를 볼 수 있다.

VIII. 스마트 위치맞춤 서비스 즐기기

1. 다음지도
2. 네이버지도
3. 하철이
4. 전국버스노선
5. 숲에on 등산로 안내
6. 전국맛집TOP1000

1. 다음지도

다음지도의 '현위치' 메뉴에서는 지도상의 내 위치가 나온다. 검색버튼을 클릭하고 글자입력판을 이용하여 예로서 의정부시청을 검색한다.

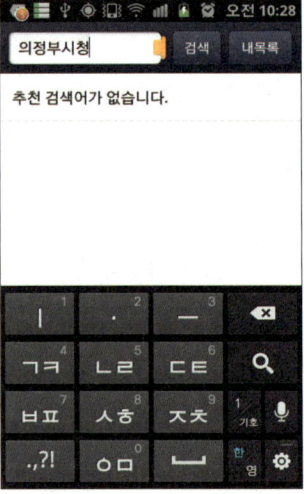

의정부시청이 검색되어 리스트업되면 원래 찾고자 했던 '의정부시청'을 클릭한다. 그리고 도착지로 지정하면 현재 나의 위치에서 의정부시청을 찾아가는 것이 된다. 자가용이나 택시로 이동하는 경우에 총 1.3km 이동에 시간은 약 5분 소요된다.

그렇다면 이번에는 대중교통인 버스를 이용하여 목적지까지 가는 것으로 찾아본다. 공항버스 3가지 노선이 이동 가능한 교통수단이다. 딱 맞는 교통수단과 이동경로를 찾았다면 즐겨찾기에 추가 할 수 있다. 세부경로를 확인하면 현재위치부터 도착위치까지의 설명이 상세히 나온다.

대중교통을 이용하여 가는 방법 외에 도보로 가는 경로를 검색한다. 도보로 갈 경우에는 약 21분이 소요되고 1.4km를 이동해야 한다. 도보로 갈 경우의 추천 세부 경로가 아래의 맨 오른쪽 화면에 소개되고 있다.

하단의 메뉴 버튼을 버스로 누르면 주변 버스정류장이 나온다. 〉 표를 누르면 버스정류장을 지도에서 보는 것이나 출발지나 도착지로 설정할 수 있으며 버스정류장에 도착하는 버스가 몇 번 번스가 있는지 상세히 알 수 있다. 그리고 버스의 도착 예정시간도 볼 수 있다.

메뉴 버튼을 눌렀을 때 나오는 메뉴 중에서 지하철 노선도를 선택한다. 지하철 노선도에서는 주변역, 검색, 길찾기, 즐겨찾기 등의 기능을 제공한다. 그중 가장 흔하게 사용하는 것이 길찾기다. 길찾기의 첫 번째 할일은 시발역을 입력하는 것이다. 예에서는 동대문역이 시발역에 해당한다. 도착역은 숙대입구역이다.

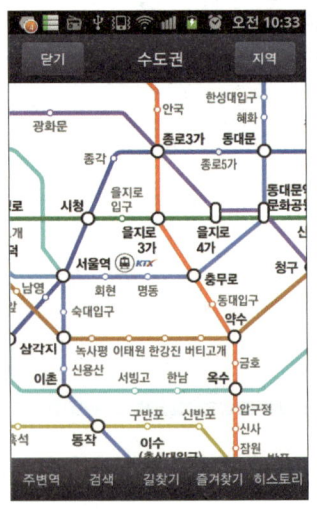  

동대문역부터 숙대입구역까지 총 11분이 소요되고 총 6개역에 해당한다. 상세경로를 조회하면 도착역 주변 출구정보나 도착역 주변 버스 정보까지 확인할 수 있다. 일반지도와 스카이뷰 변경은 설정에서 선택할 수 있다.

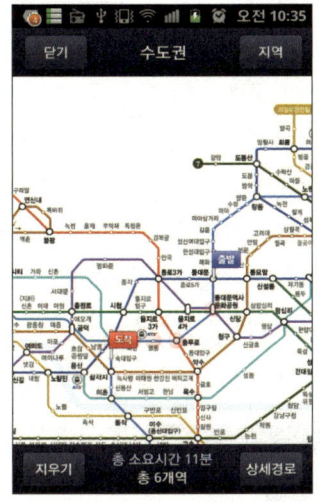
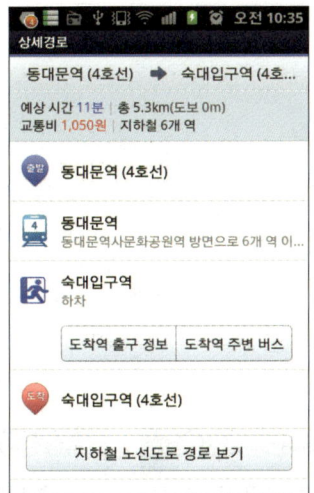

2. 네이버지도

플레이스토어에서 '네이버지도'를 검색하여 다운로드 후 프로그램을 실행한다. 실행 후 초기화면에서 '내 위치 확인하기' 버튼을 눌러 현재의 내 위치를 확인할 수 있다. 하지만 자신의 위치가 스마트폰에서 내 위치하고 적게는 50m에서 많게는 1km 정도 차이가 날 수 있다. 이것은 위치정보기술이 아직 정밀한 수준이 아니라서 그렇다. 내 위치를 기준으로 음식점 중 한식집을 찾는다고 할 때 '주변' 버튼을 오른쪽으로 밀면 음식점 중의 한식을 찾을 수 있다.

한식집 검색 결과는 내 위치를 중심으로 주변의 음식점들이 번호로 표시되면서 보인다. 2번으로 표시된 음식점의 세부 정보를 확인할 수 있다. 상호명, 주소, 연락처, 한줄소개를 볼 수 있고 도착지로 설정도 가능하다.

 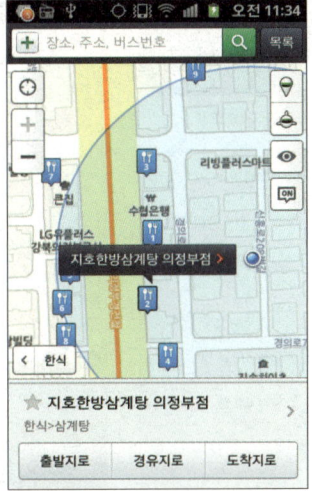 

찾아가는 길을 보면 경전철, 지하철, 버스 등 다양한 교통 수단이 있다. 해당 음식점의 평가 정보도 볼 수 있고 '거리뷰' 버튼을 누르면 업소가 포함된 거리 풍경이 나타난다.

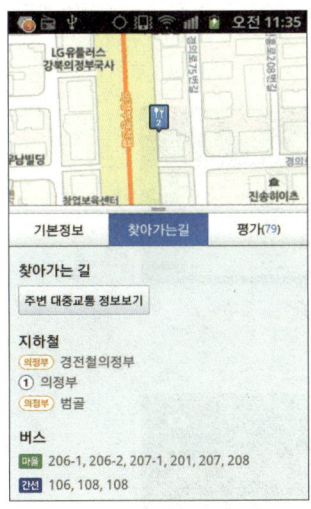  

오른쪽 하단의 바둑판 모양이 아이콘을 누르면 최근 검색을 터치하면 스마트폰에서 '네이버지도'를 이용하여 검색했던 내용들이 나온다. 최근 검색 경로 중 다시 선택만 하면 바로 해당지도와 경로가 표시됨을 알 수 있다.

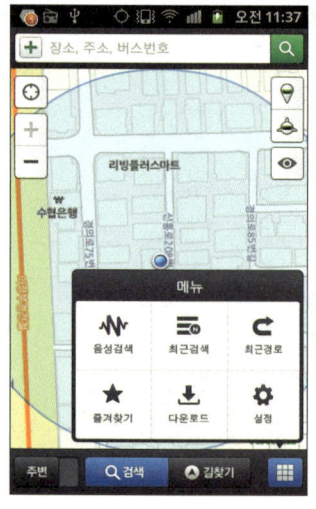 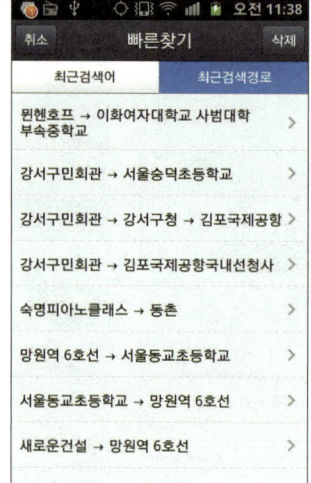 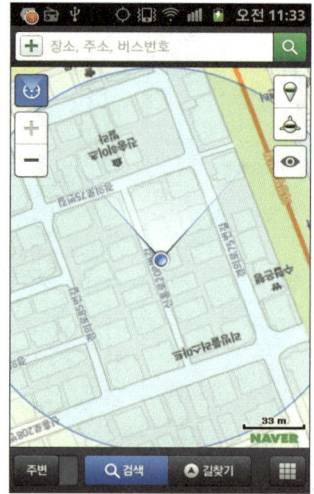

이번 길찾기에서는 출발지(예, 강서구민회관)에서 경유지(예, 강서구청)를 거쳐 도착지(예, 김포국제공항) 경로를 설정하는 방법을 알아본다. 검색에서 경유지인 강서구청을 선택한다. 강서구청 약도 하단에 강서구청이 나오면 여기서 '경유지'를 선택한다. 출발지에는 강서구민회관을 입력한다. 마지막으로 도착지에 김포국제공항을 입력하여 선택한다.

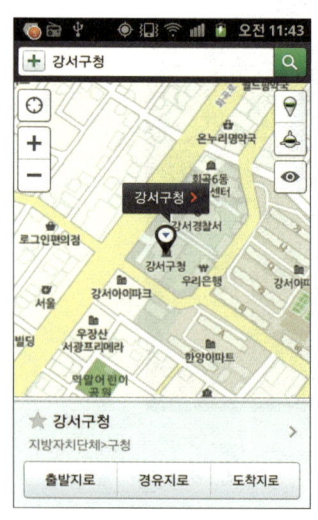  

출발지, 경유지, 도착지를 모두 입력한 경우에는 길찾기 버튼을 누른다. 그러면 지도위에 출발지와 경유지 그리고 도착지가 적용된 경로가 나타난다.

장소를 검색 할 때 음성검색 기능을 이용할 수도 있다. 오른쪽 하단의 바둑판 모양이 아이콘을 눌러 나온 팝업 메뉴에서 '음성검색'을 터치한다. '장소, 주소, 또는 버스번호를 말해주세요' 라고 쓰여 있는 것을 볼 수 있는데 찾고자 하는 장소를 말하면 찾아 준다. 오른쪽 하단의 바둑판 모양이 아이콘을 눌러 나온 '최근 검색'을 터치하면 최근 검색어 리스트에 자신이 입력한 장소가 나와 있음을 알 수 있다. 설정 메뉴에는 지도를 크게 보기나 확대축소 버튼 표시 등을 선택할 수 있다.

오른쪽 하단의 바둑판 모양이 아이콘을 눌러 나온 '다운로드'를 선택하면 현재 나와 있는 지도상의 영역 중 반경을 정하여 다운받을 수 있다. 검색 영역에는 250m/ 500m/ 750m/ 1km/ 3km 단계별 검색이 가능하다.

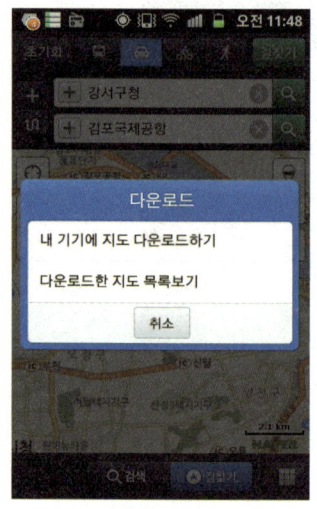  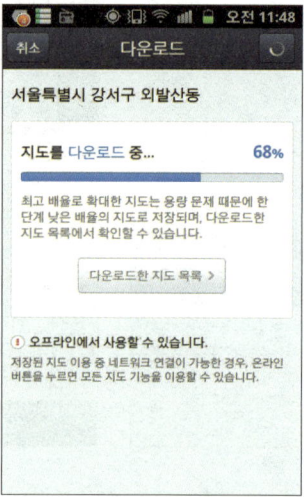

다운로드한 지도가 리스트에 나와 있다. 경로도 다운로드 할 수 있는데 같은 곳을 찾아 갈 때는 경로를 입력하여 놓으면 편리하다. 지도는 일반지도와 위성지도로 나누어서 사용자의 취향과 필요에 따라 볼 수 있다.

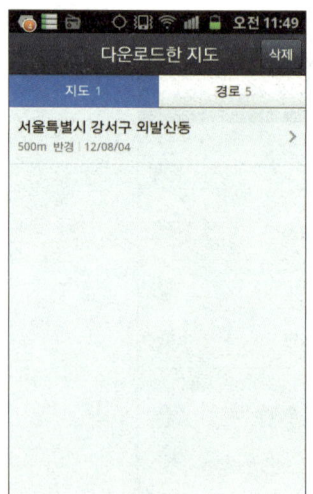  

3. 하철이

하철이는 대한민국 전국 지하철 안내도우미이며 아이폰 사용자 200만명 이상이 사용하고 있는 아이폰 필수 어플리케이션이다. 안드로이드폰에서도 ics(아이스크림샌드위치)까지 갤럭시S2, 갤럭시 노트, 갤럭시 넥서스, 갤럭시S 등에서 테스트가 되어 있다. 플레이스토에서 하철이를 다운 받아 실행한다. 초기화면에서 지하철 노선도가 보인다.

현 위치에서 지도와 가까운 전철역을 검색할 수 있다. 예로서 출발역을 정하기 위해 특정역을 입력한다.

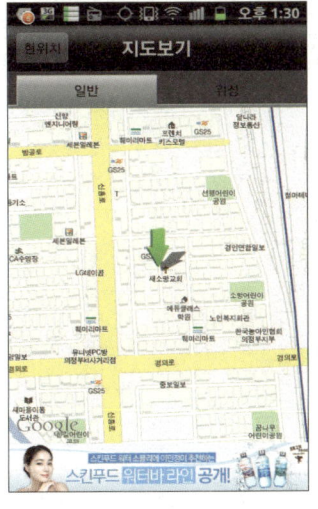

출발역으로서 '가산디지털단지역'을 선정하고 도착역으로 서울역을 지정한다. 그러면 출발시간과 도착시간, 총소요시간, 총 정류장 수 등을 알 수 있다. 검색결과를 애니메이션 보기 기능이 있어서 시각적으로 이동경로를 쉽게 인지가 가능하다. 하철이는 최근에 개통한 신분당선이 업데이트되어 있다.

 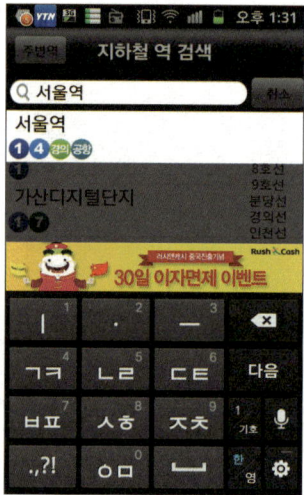 

4. 전국버스노선

플레이스토어에서 '전국버스노선' 검색 후 다운로드하여 앱을 실행한다. 먼저 초기화면에서 노선번호를 입력한다.

  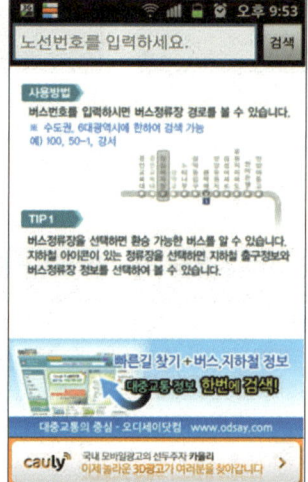

수도권을 운행권역으로 하는 153번 버스를 예를 들고자 한다. 글자입력창에 153을 입력한다. '수도권'이라고 나오면 클릭하고 153번(우이동-당곡사거리)이 나오면 클릭한다.

첫차와 막차 그리고 배차간격이 함께 보여지고 노선도에 있는 차모양은 현재차의 위치와 방향을 표시한다.

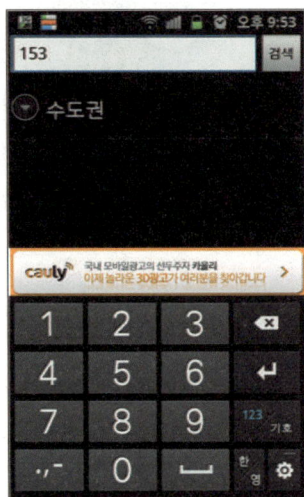 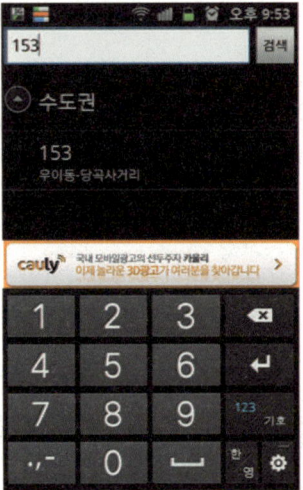 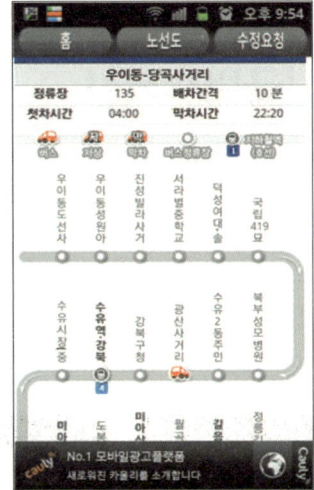

버스정류장을 지도로 볼 수 있고 '실시간 버스 정보'로 153번이 도착할 시간과 같은 정류장에 정차할 다른 번호의 버스 리스트도 함께 볼 수 있다.

 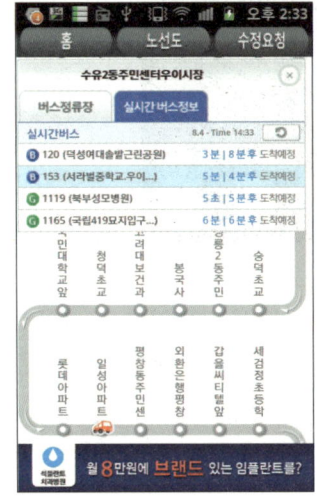

5. 숲에on 등산로 안내

'숲에on 등산로 안내' 앱은 우리나라 150개의 산에 대한 등산로 및 주변정보를 위치기반서비스, 증강현실 등 새로운 기술 트랜드를 활용하여 제공한다. 또한 ,등산객이 직접 참여하는 SNS기능을 제공함으로써, 단순 산소개App, 내비게이션App과 차별화된 등산객을 위한 종합서비스를 지향하는 앱이다. 플레이스토어에서 '숲에on 등산로 안내'를 검색하여 다운로드 후 실행한다. 산찾기 메뉴에서 원하는 지역을 터치한다.

  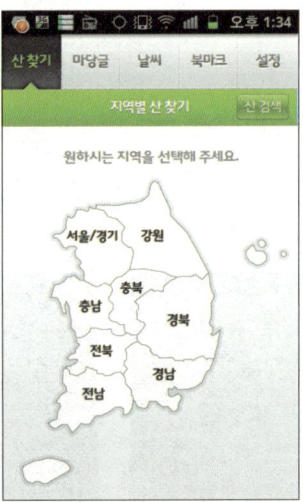

해당 지역의 산이 가나다순으로 정렬되며 특정산에 대한 정보를 상세히 보기 위해 선택을 한다. 산에 대한 정보를 '즐겨찾기'가 가능하고 '등산시작'을 누르면 '등산정보를 다운로드 하겠습니까?' 안내 팝업에 '예'를 한다.

  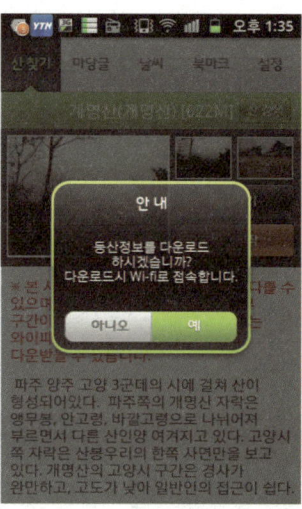

그러면 등산정보를 다운한다. 이어서 압축을 스스로 해제한다. 다운로드가 완료되면 등산을 시작하기 위해 확인 버튼을 누른다.

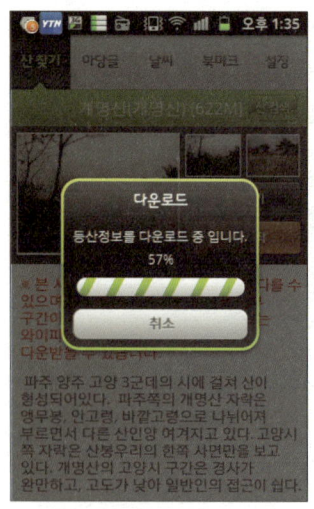 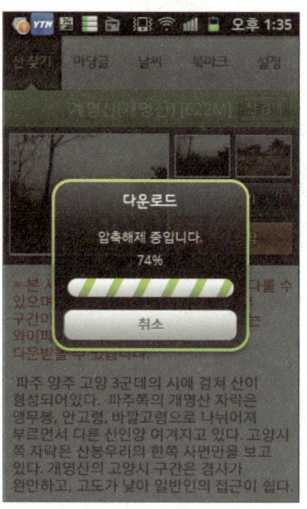 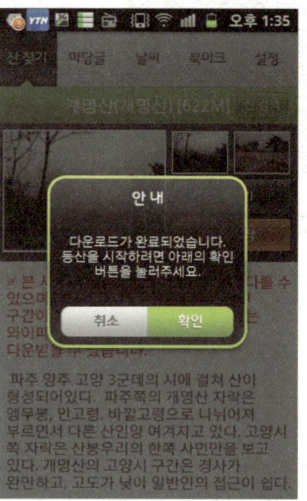

앱의 정상적 사용을 위해 GPS신호가 수신될 수 있도록 통신상태를 유지해야 한다. 다운 받은 등산정보(예, 계명산)가 보인다. 등산하려는 산의 오늘의 날씨와 내일의 날씨를 함께 볼 수 있어 편리하다.

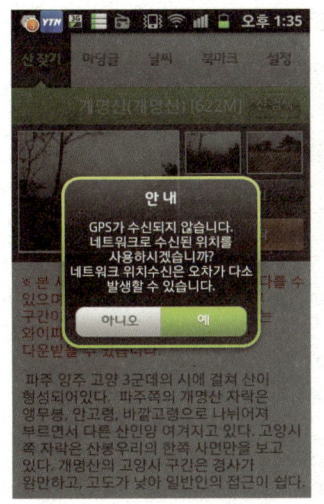  

계명산에 대한 최신글이 리스트되어 나타난다. 증강현실서비스가 다운을 받은 산 정보와 동일한 해당 산에서는 지원을 한다. 하지만 해당 산이 스마트폰 사용자와 멀리 떨어진 다른 곳에 있으면 증강현실 기능이 제공되지 않는다.

 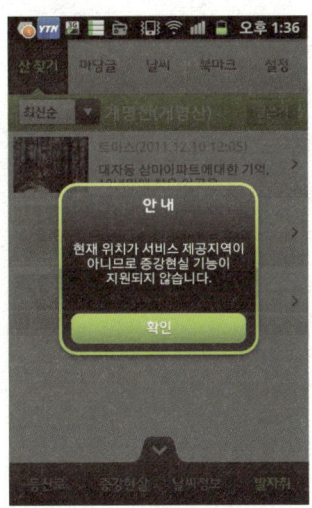 

설정 메뉴에서는 로그인과 닉네임 만들기가 가능하다. '범례선택' 에서 원하는 부분을 터치하면 지도에서 해당 부분만 보여준다.

숲에on 등산로 안내 앱의 주요기능

- 산찾기 - 지도기반 각 시, 도별 지역선택 산 찾기 & 키워드 검색을 통한 산 찾기
- 산불신고 - 산불현장을 앱으로 찍어 바로 신고 가능
- 마당글 - 등산객이 남긴 글과 사진 공유(SNS기능)
- 날씨 - 가고자 하는 산의 날씨 정보를 제공
- 등산안내 - 산림청 제공 등산 지도와 구글 위성지도 제공
- 증강현실 - 등산 시 산 주변 정보를 카메라 화면을 통해 위치 확인 제공
- 발자취 남기기 - 등산객의 위치기반 글과 사진 남기기 기능 제공
- 조난 시 대처법 - 상황별 조난 시 행동요령 제공 및 119, 산악구조대 연결 제공

6. 전국맛집TOP1000

메뉴판닷컴 전국맛집TOP1000은 전국각지의 모범음식점 1만개 중 지자체 인증 +지역 현지인 추천 + 파워블로거 100인의 추천을 통해 선정한 국내 최초 실시간 전국 진짜맛집 랭킹 앱이다. 플레이스토어에서 '전국맛집TOP1000'을 검색하여 다운로드하고 앱을 실행한다. 초기화면에 랭킹, 내주변, 테마, 설정의 주메뉴가 있다. '랭킹' 메뉴를 살펴보면 실시간 랭킹, 주간랭킹, New가 있어 각각 음식이 맛있는 집을 소개한다. 사진과 함께 별표가 인기도를 반영한다.

  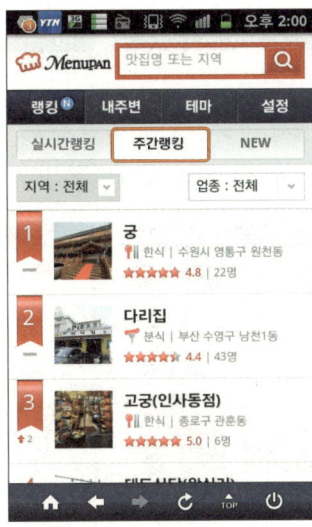

New에서 상위 랭크된 맛집을 선택해 본다. 연락처와 지도보기, 스크랩하기가 가능하다. 아래의 왼쪽 화면에서는 음식점의 지도를 열람한 것이다. 지도 하단에는 주소와 찾아가는 길 설명이 상세하다.

음식점의 전체 사진 보기를 하면 주요 메뉴와 음식점 실내 분위기를 알 수 있다. '리뷰 & 평가'는 타인들의 평가를 볼 수 있고 내 글도 올릴 수 있다.

'내 주변' 메뉴를 통해 맛집을 살펴 보면 스마트폰 사용자의 인근 지역에 있는 음식점이 자동으로 리스트되어 나온다. 여기서 특정업체를 선택할 경우 맛집의 상세내용을 알 수 있 다.

 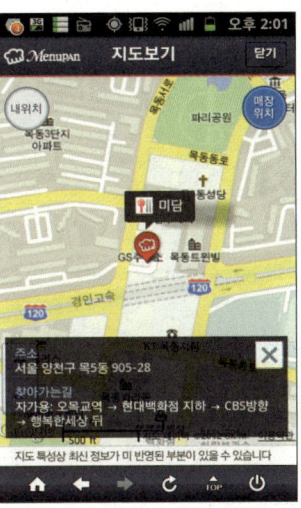

Ⅸ. 스마트 모바일웹 무료로 직접 만들고 활용하기

1. 스마트 모바일 웹 기초
2. 스마트 모바일 웹 만들기
    - 2.1 바다유(badaU) 모바일 웹
    - 2.2 바다유(badaU) 앱
    - 2.3 바다유(badaU) 하이브리드 앱
    - 2.4 스마트 모바일 웹 만들기
3. 스마트 모바일웹 QR하드 QR편집기에서 편집하기
4. 스마트 모바일 웹 확산하기
5. 스마트 모바일 웹 고급 활용
    - 5.1. 클라우드 프리젠테이션 활용하기
    - 5.2. 스마트 모바일 웹 고급 활용하기

1. 스마트 모바일 웹 기초

1 | 모바일웹이란?

스마트폰용 모바일 홈페이지는 웹 홈페이지와 달리 상대적으로 디스플레이 화면 사이즈가 작으며, 화면을 통해 소통하도록 다양한 터치기능을 제공하기 때문에 왼쪽 그림과 같이 손으로 직접 터치하기 쉽도록 아이콘화 및 시각화와 보통의 상식수준으로도 배우지 않고 손쉽게 조작할 수 있는 멀티 터치 인터페이스를 제공해주어야 한다. 모바일웹은 모바일환경에 최적화가 되어 있는 웹사이트로 일반 PC 환경에서의 웹은 1024 또는 1280의 해상도에 최적화가 되어 있어 모바일에서 보기 불편한 점이 많았던 문제를 해결하기 위해 모바일 해상도에서 최적화되어 볼 수 있도록 만들어진 것을 의미한다. 그러므로 모바일웹은 휴대용 무선 단말기와 무선 테이터 통신망을 이용해 인터넷에 접속하여 데이터 통신이나 인터넷 서비스를 이용한다. 스마트폰용 모바일 홈페이지는 폴더가 메뉴가 되는 기발한 발상을 시작으로 하위폴더들은 서브메뉴로 자동으로 연동되도록 하였으며, 업로드하는 모든 파일을 모바일에서 볼 수 있도록 자동으로 변환시켜주는 기능을 제공해주고 있어서 하나의 모바일 홈페이지를 몇 분만에 만들 수 있다.

2 | 모바일웹의 중요성

모바일웹이 중요한 이유는 예전에는 PC를 통한 인터넷접속이 많지만 스마트폰의 등장과 무선인터넷의 발달로 장소에 국한되지 않고 언제든지 모바일을 통하여 인터넷에 접속하는 비율이 증가를 하게 되었다. 지난 2012년 런던 올림픽 관련 소식 조회도 모바일이 접속이 더 많았다고 한다. 스마트기기의 보급과 무선인터넷의 발달로 간단한 웹 페이지 구성이 늘어나면서 모바일웹과 모바일 홈페이지에 대한 수요가 늘어나고 있다. 또한 QR(Quick Response)의 보급확산과 웹하드의 융합서비스로 개발되어 영화홍보나 학습교재 보충자료 제공, 영화제, 온라인아카데미 등에 모바일웹이 비중있게 사용되고 있다.

3 | 모바일웹의 특징

모바일 디바이스에 최적화된 웹사이트

HTML, CSS, Javascript

기존에 사용하던 웹 개발환경

웹 표준 컨트롤, iUI, JGTouch

App개발자 등록 필요없음

자체 결제시스템 구축 필요

서버에서 바로바로 업데이트 가능

다양한 플랫폼 동시 지원

4 | 모바일웹 구현기술 이해하기

Adobe사의 Dreamweaver CS5.5는 HTML5/CSS3을 지원하며, jQuery 통합사용이 가능하고, PhoneGap을 통해 기본 Android 앱과 iOS 앱제작이 가능하다. Adobe사의 FlashBuilder4.5.1부터 아이폰과 안드로이드폰 앱개발에 사용할 수 있다. 오픈소스 자바스크립트 라이브러리인 JQuery와 심플한 웹 개발모델을 제시하는 JQTourch는 모바일웹을 구현하는데 쓰인다.

5 | 모바일웹의 구축 방법

모바일웹 제작 사이트로 해외에는 대표적으로 wirenode.com, winksite.com, onbile.com이 있고 국내에는 badau.net이 있다. wirenode.com는 페이스북이나 트위터 등 소셜미디어 공유 기능이 있고, winksite.com는 QR코드와 SNS정보 제공이 가능하다. onbile.com은 다양한 템플릿을 제공하여 간단하게 모바일 홈피를 만들 수 있다. badau.net는 100메가바이트까지 무료로 이용이 가능하고 QR코드를 이용하여 개별 게시물 접근이 용이하다.

모바일웹 제작 사이트	wirenode.com	winksite.com	onbile.com	badau.net
이용료	유·무료	유·무료	무료	유·무료
구축순서	• 로그인 • 디자인 선택 • 카테고리 선택 • QR코드 제공 • my websites	• 회원가입 후 로그인 • create site 클릭 • Build Site 클릭 • Dashboard 설정 • 모바일웹 주소로 출력	• account 생성 • 템플릿 선택 • 내용입력(RSS주소, 로고 업로드, 이메일입력, 구글맵 위젯) • 도메인 입력	• 회원가입 • 메뉴 환경설정 • 주소창에서 모바일 홈피 생성 확인 badau.net/id • 로그인 • 폴더생성 • 파일 업로드

6 | 모바일웹 사이트 제작 시 유의사항

일반 홈페이지보다는 메뉴체계를 단순화할 것

편리한 화면 터치 아이콘 최저사이즈(44*44) 준수할 것

업종의 목적에 맞는 UI 및 콘텐츠 활용할 것

로딩속도가 절감이 되도록 CSS3를 활용할 것

일반 웹사이트로 가기에 대한 옵션을 제공할 것

기기별 해상도를 고려한 레이아웃을 고려할 것

모바일기기	해상도	모바일기기	해상도
iPhone	320 * 480	갤럭시S	800 * 480
iPhone4	960 * 640	갤럭시S2	800 * 480
모토로이	854 * 480	갤럭시S2 hd lte 갤럭시S3	1280 * 720
HTC 디자이어	800 * 480	시리우스	800 * 480
옵티머스Q	800 * 480	베가	800 * 480
갤럭시A	800 * 480	갤럭시노트	1280 * 800

2. 스마트 모바일 웹 만들기

2.1 바다유(badaU) 모바일웹

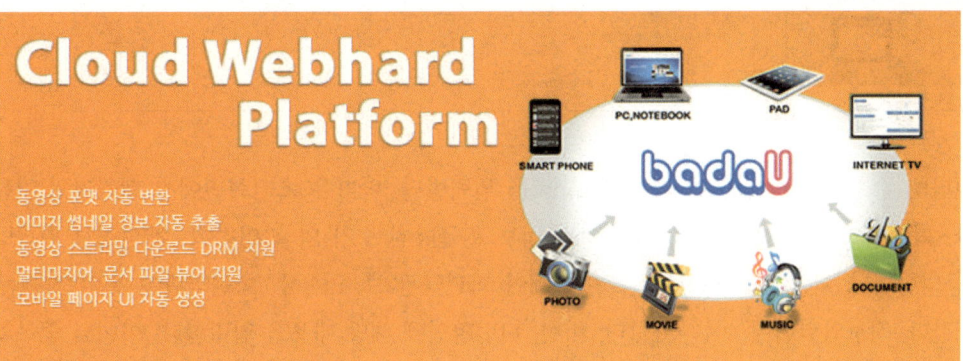

바다유서비스(http://www.badau.net)는 클라우드 기반의 웹하드 플랫폼으로 다양한 종류의 디지털 콘텐츠를 업로드만으로 모바일 홈페이지화가 가능하며 영상관리, 사진관리, 친구관리 및 문서관리 기능까지 갖춘 반응형 웹페이지가 자동으로 지원되어 모든 스마트기기에서 구동이 가능하다. 바다유에 접속하는 누리꾼들은 인터넷이나 모바일을 통하여 바다유 모바일웹에 접근이 가능하다. 아래의 화면은 바다유로 구축한 모바일웹의 예이다. "모바일 웹(Web)"이란 스마트폰 등 모바일 기기에 디스플레이할 수 있도록 최적화된 웹페이지를 뜻한다.

 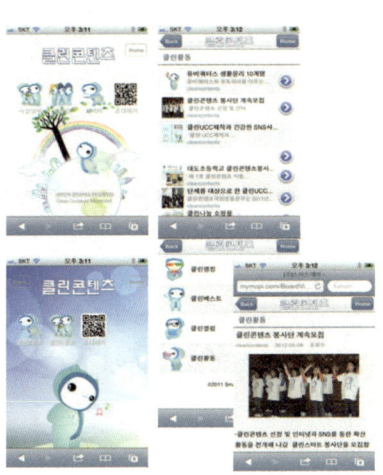 

 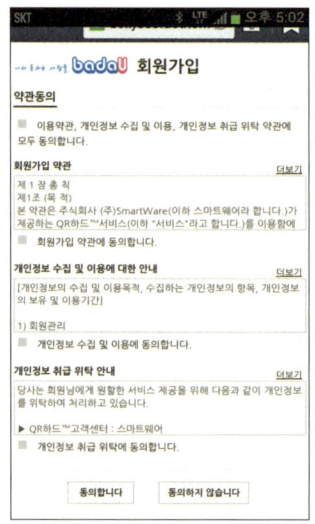 

스마트폰 인터넷 주소창에 http://www.badau.net을 입력한다. 바다유 초기화면에서 회원가입 버튼을 클릭한다. 회원가입화면에서 '스마트웨어 개인정보 취급방침 보기'와 관련하여 '개인정보 취급방침 약관에 동의합니다.'에 체크표시한다. '스마트웨어 회원약관 보기'에서 '회원약관에 동의합니다.'에 체크표시한다. 정보입력란에 이름, 아이디, 비번, 비번확인에 해당 내용을 입력한다. 아이디 중복확인은 필수이다. 비밀번호까지 입력을 했으면 '확인' 버튼을 누른다.

상기 예시와 같이 스마트폰 인터넷 주소창에 'http://badau.net/jdpark'를 입력하면 바다유에서 폴더를 만들고 스타일을 설정하여 업로드한 파일만으로 자동으로 모바일 홈페이지가 표시되는 것을 볼 수 있다. 스마트폰 인터넷 주소창에 'http://badau.net/아이디'를 입력하면 자신의 모바일 홈페이지가 표시된다.

파일을 업로드하기 위해서는 웹하드와 같이 우선 폴더를 만들고 업로드할 폴더를 선택한 후 상단의 '올리기' 메뉴를 클릭하면 아래 그림과 같이 '파일올리기' 팝업이 뜬다.

'Upload' 버튼을 클릭하여 파일을 선택하거나 윈도우 탐색기창에서 파일을 다중 선택하여 '올리기' 창으로 드래그와 드롭으로 업로드할 파일 선택작업을 손쉽게 할 수 있으며, 파일들을 선택한 다음 'Start Upload'을 클릭하면 자동으로 업로드가 진행된다.

업로드가 완료된 후 폴더그림 앞부분의 체크박스를 선택한 후 상단의 '스타일' 메뉴를 클릭하면 폴더를 화려하게 변신시켜주는 반응형 웹페이지 스타일 옵션설정을 할 수 있다. 반응형 웹페이지 레이아웃은 크게 4가지('기본형', '프레임', '서브형', '문서형')가 지원되며 이 밖에 사용자 정의에 의해 다양한 레이아웃 스타일을 추가하여 사용도 가능하다.

  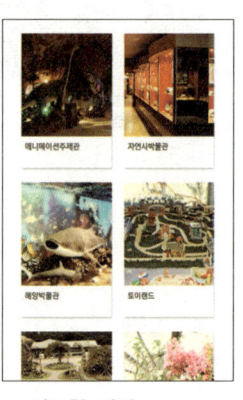 

▲ 프레임 예시   ▲ 서브형 예시   ▲ 기본형 예시   ▲ 문서형 예시

'기본형'은 반응형 웹페이지로 스마트기기의 화면크기에 맞추어 가로보기 및 세로보기에서도 자동으로 콘텐츠가 재배열되는 레이아웃이며, '프레임'은 화면 폭에 맞추어 설정한 높이에 가로(행)와 세로(열)의 갯수만큼 콘텐츠를 배치해주고 '배너'와 콘텐츠 '나열순서'를 옵션으로 설정 있어서 주로 메인페이지의 헤더영역, 메뉴영역, 배너영역, 콘텐츠영역 및 풋터영역에 프레임영역 정의에 많이 사용되는 레이아웃이며, '서브형'은 페이지 상단에 하위 폴더 갯수만큼 목차 탭을 만들어 주고 선택된 현재 탭에서 '기본형'의 반응형 웹페이지가 지원되어서 많은 콘텐츠의 네비게이션 목적으로 유용하게 사용

되는 레이아웃이며, '문서형'은 카카오스토리와 같이 사진이나 텍스트 등을 다양하게 배치시킬 수 있는 반응형 웹페이지로 웹문서와 같이 표현해주는 레이아웃이다.

'홈설정'은 반드시 1개의 폴더만 선택 체크하여 홈페이지 주소로 지정된다. 스마트폰 인터넷 주소창에 'http://badau.net/아이디'를 치면 홈페이지 주소로 설정된 폴더가 열리게 된다.

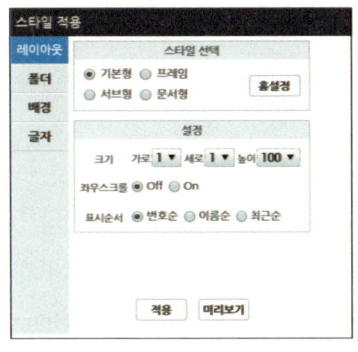  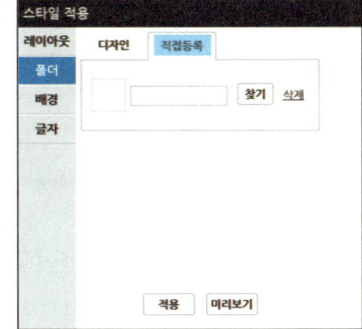

'폴더' 메뉴 '디자인' 탭을 클릭하여 샘플 이미지를 설정하거나 '직접등록' 탭을 클릭하여 사용자가 원하는 다양한 이미지를 폴더이미지로 설정시킬 수 있다.

 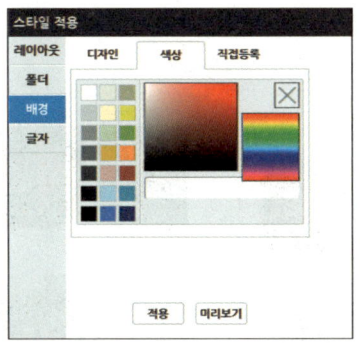 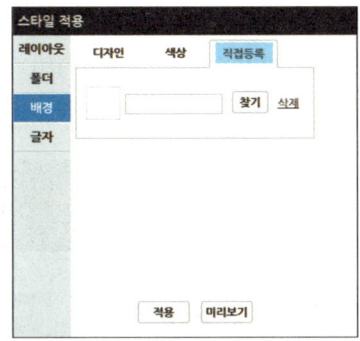

특히 '프레임' 레이아웃인 경우, '배경'과 '글자' 메뉴을 이용하여 추가적인 옵션을 설정할 수 있다. 먼저 '배경' 메뉴 '디자인' 탭을 클릭하여 샘플 이미지를 프레임 영역의 배경으로 설정하거나 '색상' 탭을 클릭하여 다양한 색상으로 설정가능하고 '직접등록' 탭을 클릭하여 사용자 원하는 배경이미지로 설정시킬 수 있으며, '글자' 메뉴를 클릭하여 폴더명 글자의 위치와 색상을 설정시킬 수 있다.

상단의 'URL생성' 메뉴를 클릭하면 아래의 왼쪽화면과 같이 'URL생성' 팝업에서 제목과 URL주소 입력을 한 다음 '확인'을 클릭한다. 옵션변경이 가능한데 'RSS', '기사검색'을 선택할 수도 있다.

상단의 '게시판' 메뉴를 클릭하면 아래의 오른쪽 화면에서와 같이 '텍스트게시판'의 이름을 입력한 다음 '생성' 버튼을 클릭한다. 옵션변경이 가능한데 '이미지게시판', '자유게시판'을 선택하는 것도 가능하다.

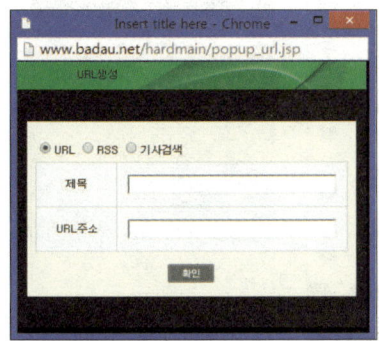 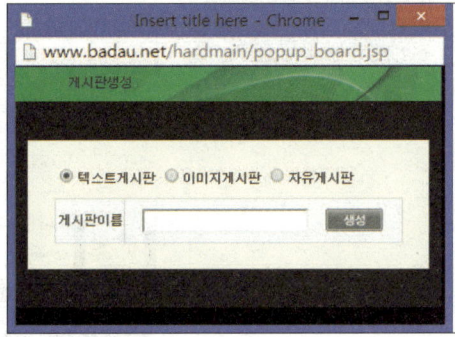

2.2 바다유(badaU) 앱

바다유 회원의 폭넓은 클라우드 서비스를 확장해주도록 구현한 것이 바다유(badaU) 앱과 바다유 플레이어 앱이다. 플레이스토어에서 "badau"를 검색하여 "badaU"앱과 플레이어를 다운로드하고 설치한다. 바다유 기존회원은 "로그인" 하고 신규 회원인 경우는 badau.net에서 회원가입을 한다. 로그인하면 홈 화면이 나타난다. '홈' 메뉴는 홈페이지로 이동시켜주고, '리모콘' 메뉴는 리모콘 모드에서 현재 보고있는 콘텐츠를 설정한 '채널'로 원격으로 전송해준다. '채널' 메뉴는 "바다유 플레이어 앱"의 채널 번호를 등록하고 수신 설정을 할 수 있다.

   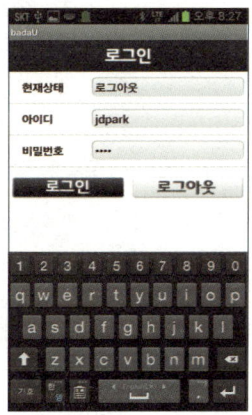

아래의 가운데 화면에서 리모콘 앱메뉴 클릭하여, 화면의 동영상, 이미지 등의 콘텐츠를 클릭하면 설정된 채널의 원격 바다유 플레이어 앱으로 해당 콘텐츠가 전송되어 재생된다. 재생/일시정지, 이전, 다음, 위로, 아래로 자유롭게 리모콘을 조작할 수 있으며, 또한 스마트폰의 사진이나 동영상을 마이모피관리 '올리기'를 통해 바다유 클라우드 웹하드로 직접 업로드시킬 수 있다.

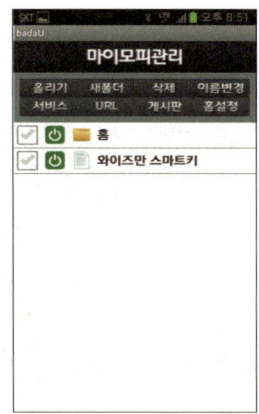

2.3 바다유(badaU) 하이브리드 앱

앱을 만드는 방법은 크게 앱 방식, 웹 방식, 하이브리드 방식의 세 가지가 있다. 여기서 "하이브리드 앱(Hybrid App)"이란 모바일 앱의 기술과 모바일 웹의 기술을 동시에 적용하여 개발한 애플리케이션을 뜻한다. 먼저 하이브리드 앱을 이해하기 위해서는 모바일 웹과 앱의 차이점을 아는 것이 중요하다.

구분	모바일 앱	모바일 웹	하이브리드 앱
장점	• 최적화된 UI 제공 • 빠른 반응속도 및 하드웨어 기능 활용기능l 제공	• 저렴한 제작비용과 높은 호환성 • 유지보수 용이	• 화려한 UI • 단말 고유기능 접근 • 비용절감 • 유지보수 용이
단점	OS별 제작에 따른 비용증대	• 유지보수의 불편함 • 느린 반응속도	• 획일화된 디자인 • 앱스토어를 통해서 업데이트 및 업그레이드

하이브리드 앱 (Hybrid App)은 겉으로는 네이티브 앱의 모습을 가지고 앱스토어를 통해 배포되지만 실제 주요 콘텐츠는 브라우저를 기반으로 하는 웹 형태로 서버로부터 정보를 전송 받아 구성된다. 하이브리드 앱은 모바일 웹과 앱의 장점을 모두 가진다. 예를 들어, 화면구성을 서버에서 할 수 있기 때문에 배포를 한 후에도 자유롭게 내용을 수정할 수 있으며 모바일 웹으로는 제어가 어려운 단말 하드웨어에 접근하거나 특정 센서를 이용할 수 있으며, Push Notification등의 단말기에서 제공하는 다양한 기능들을 활용할 수 있다. 하이브리드 앱은 네이티브 앱과 동일한 환경을 가지고 있지만, 부분적으로 HTML/CSS로 작성된 앱을 말합니다. 인터넷 환경과 WiFi 환경에 따른 영향에도 유연하고, 모바일 앱 보다는 빠른 로딩 속도와 스마트폰에서 바로 실행이 가능하다. 아래의 바다유화면은 하이브리드 앱 구축 화면의 예이다. 하이브리드 앱으로 구현된 경우에는 어학이나 학습분야에 유용하게 사용할 수 있다. 특히 스마트폰을 소지한 학생들에게 책과 함께 학습 페이지에 함께 부착된 QR코드를 이용하여 참고 영상이나 지문 듣기, 보조 해설 등을 살펴 볼 수 있다.

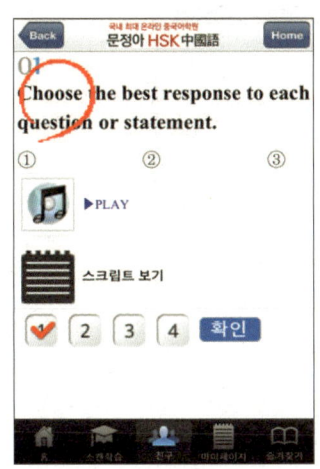 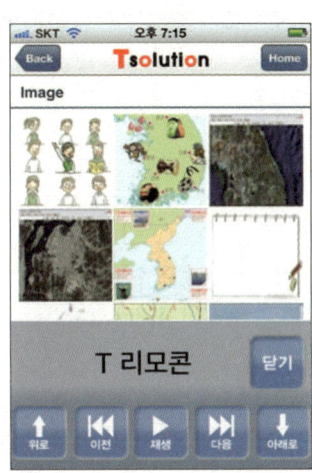 

2.4 스마트 모바일 웹 만들기

1 | 기본 사이트맵 만들기

바다유 회원가입 후 자신의 계정으로 로그인한다. 아래 왼쪽 예시 그림과 같이 최상단 Home에서 '새 폴더' 메뉴를 이용하여 "제주공룡랜드"라는 홈폴더를 만들고 서브폴더로는 헤더, 메뉴, 배너, 콘텐츠, 하단배너 및 풋터 용도의 폴더를 만든다.

2 | 헤더 폴더 '스타일' 설정하기

'header' 폴더를 선택하고 상단의 '스타일' 메뉴를 클릭하여 아래 왼쪽 그림과 같이 프레임 '레이아웃' 과 가로=1, 세로=1, 높이=50로 설정한다.

'header' 폴더의 하위에 'logo' 폴더를 생성하고 선택한 후 클릭하여 아래 가운데 그림과 같이 기본형 '레이아웃' 과 가로=1, 세로=1, 높이=0로 설정하고 '폴더' 옵션에서는 '직접등록' 탭을 클릭하여 '검색' 버튼을 누르고 준비된 로고이미지를 선택하여 설정을 완료한다.

마지막으로 'logo' 폴더내에서 상단의 'URL생성' 메뉴를 클릭하여 제목은 "제주공룡랜드", URL주소는 "http://badau.net/자신의아이디"를 입력하고 생성해준다.

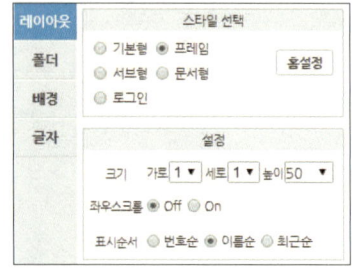
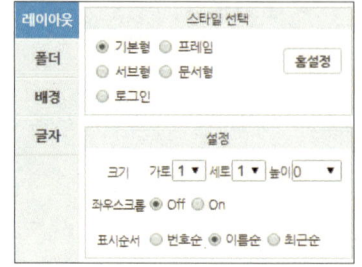

▲ 'header' 폴더 스타일 설정　　　　▲ 'logo' 폴더 스타일 설정

3 | 메뉴 폴더 '스타일' 설정하기

'menu' 폴더를 선택하고 상단의 '스타일' 메뉴를 클릭하여 아래 왼쪽 그림과 같이 프레임 '레이아웃'과 가로=1, 세로=1, 높이=80로 설정한다.

'menu' 폴더의 하위에 '공룡랜드소개', '관람안내', '시설안내', '참여마당', '오시는길' 폴더를 생성하고 '공룡랜드소개' 폴더를 체크선택한 후 상단의 '스타일' 메뉴를 클릭하여 아래 가운데 그림과 같이 문서형 '레이아웃'과 가로=1, 세로=1, 높이=0로 설정하고 '폴더' 옵션의 '직접등록' 탭에서 '검색' 버튼을 누르고 준비된 로고이미지를 선택하여 설정을 완료한다.

동일한 방법으로 나머지 하위의 '관람안내', '시설안내', '참여마당', '오시는길' 폴더도 '스타일' 설정을 해주면 되겠다.

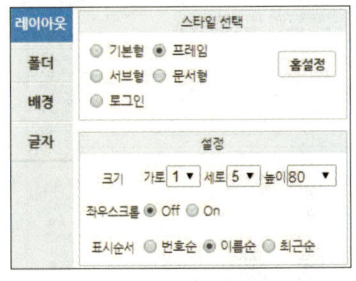 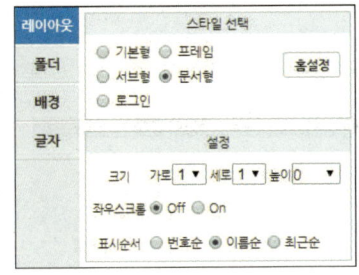 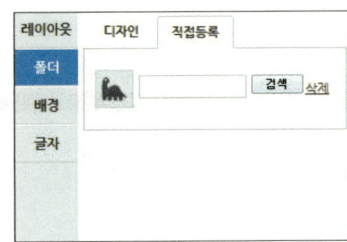

▲ 'menu' 폴더 스타일 설정 ▲ '공룡랜드소개' 폴더 스타일 설정

4 | 배너 폴더 '스타일' 설정하기

'banner' 폴더를 선택하고 상단의 '스타일' 메뉴를 클릭하여 아래 왼쪽 그림과 같이 프레임 '레이아웃'과 가로=1, 세로=1, 높이=120 및 좌우스크롤 On으로 설정한다.

'banner' 폴더의 하위에 '제주공룡랜드', '자연사박물관' 폴더를 생성하고 '제주공룡랜드' 폴더를 체크선택한 후 상단의 '스타일' 메뉴를 클릭하여 아래 가운데 그림과 같이 기본형 '레이아웃'과 가로=1, 세로=1, 높이=0로 설정하고 '폴더' 옵션의 '직접등록' 탭에서 '검색' 버튼을 누르고 준비된 배너이미지를 선택하여 설정을 완료한다.

동일한 방법으로 '자연사박물관' 폴더도 '스타일' 설정을 해주면 되겠다.

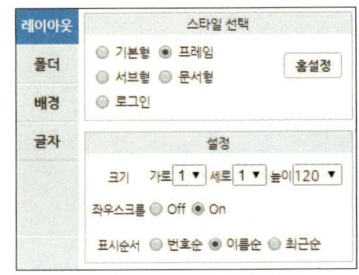 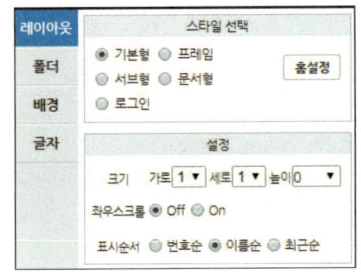 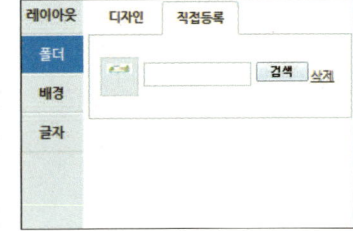

▲ 'banner' 폴더 스타일 설정 ▲ '제주공룡랜드' 폴더 스타일 설정

5 | 파일 올리기

'menu' 폴더 하위의 '공룡랜드소개' 폴더에서 상단의 "올리기" 메뉴를 클릭하여 미리 준비된 텍스트파일과 이미지파일을 업로드한다.

아래 왼쪽 그림과 같이 업로드된 파일 리스트에서 오른쪽 부분의 '순서' 기능을 이용하여 화면에 디스플레이되는 순서를 오른쪽 그림과 같이 조정할 수 있으며, 이미지 파일을 클릭하여 왼쪽 또는 오른쪽으로도 정렬시킬 수 있다.

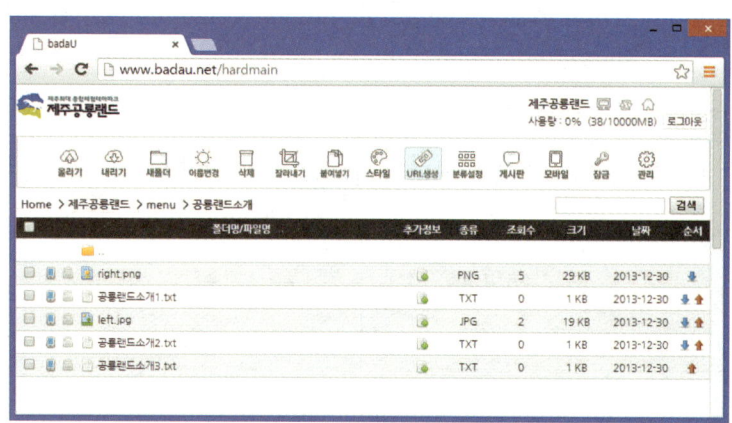

3. 스마트 모바일웹 '바다유' QR편집기에서 편집하기

1 | 이미지, PDF문서 열기

PDF, 이미지 파일을 열어서 불러오기 해준다. 이 때 원본 파일은 그대로 유지시키고 "파일명(QR).확장자"형태로 새로운 파일을 복제시킨 후 복제한 파일을 열어서 QR코드가 삽입되도록 하여 최종적으로 수정된 결과 파일이 되도록 해준다.

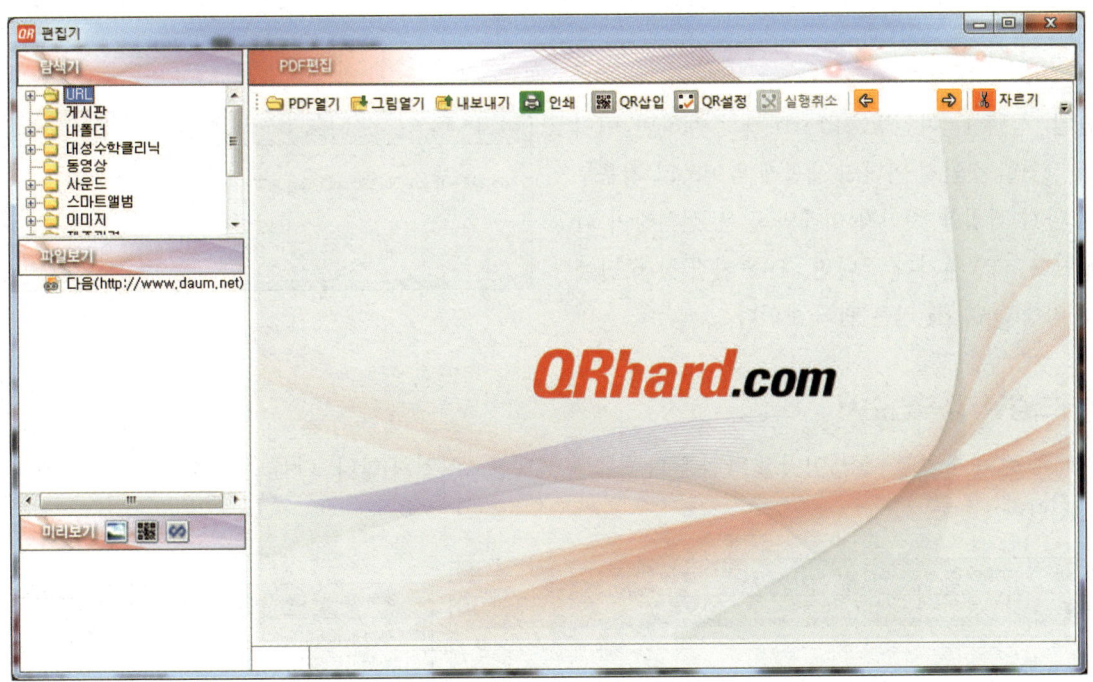

■ PDF열기 작업순서

작업할 PDF문서를 아래와 같이 선택하여 [열기]한다

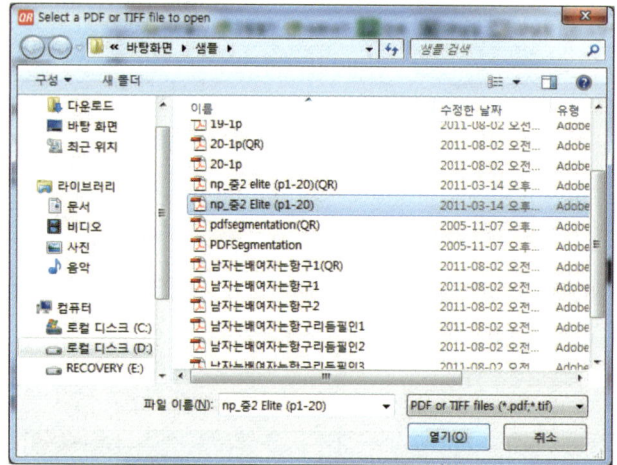

만일, 선택한 "파일명(QR).pdf"가 존재하면 이어서 작업할 것인지 아니면 새롭게 덮어쓰고 처음부터 다시 작업할 것인지 아래와 같은 선택창이 나타난다. 파일열기가 끝나면, "PDF편집"창 하단에 "파일명(QR).pdf"라는 탭이 보인다.

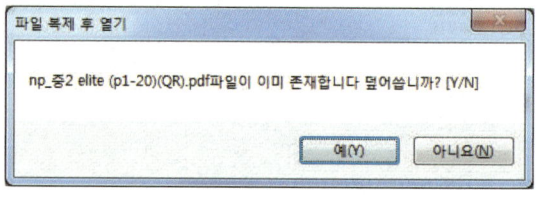

■ 그림열기 작업순서

아래와 같이 작업할 대상 이미지 파일을 다중으로 선택한 후 [열기]한다. 다음으로 불러오기 옵션에서 [OK]한다.

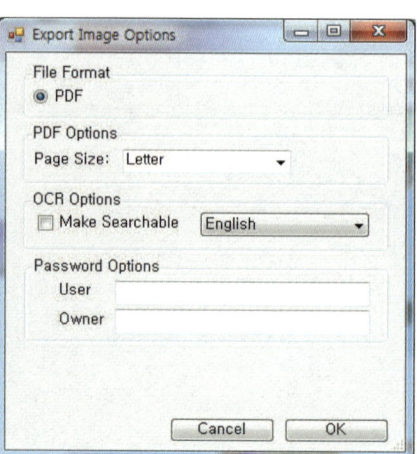

다른 이름으로 저장하기 창에서 파일명을 "test1234"라고 하고 [저장]한다.

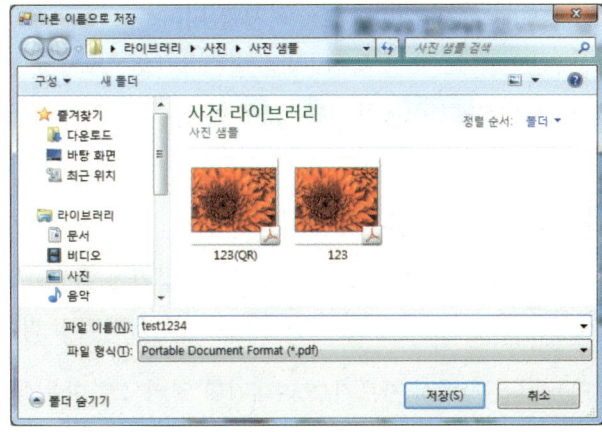

2 | QR코드 삽입 및 설정하기

QR편집기 왼쪽 상단에 있는 "탐색기"창에서 폴더를 선택하거나 "파일보기"창에서 파일을 선택하면 "QR삽입"을 할 수 있게 된다.

■ QR삽입 작업순서

"탐색기"창에서 폴더를 선택하거나, "파일보기"창에서 파일을 선택한다. "PDF편집"창 상단에서 "QR삽입"메뉴를 클릭한다. 아래와 같이 "PDF편집"창 중앙에 QR코드 이미지가 나타나면, 마우스로 QR코드 이미지를 클릭한 후 드래그 앤 드롭으로 위치를 지정한다. 이 때 QR코드 이미지의 가장 가까운 모서리부분으로 마우스의 십자 커서가 정렬되므로 QR코드가 적합한 위치에서 문서내로 삽입되도록 편집에 도움을 준다.

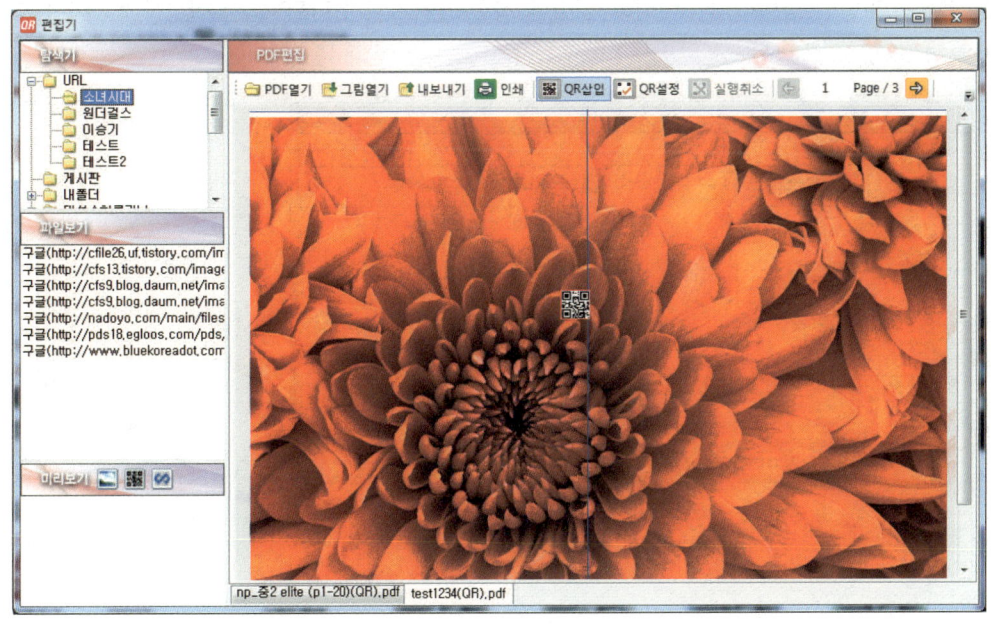

QR코드 이미지 위에 마우스 커서를 위치하고 오른쪽 버튼을 누르면, 붙여넣기 완료/취소 팝업메뉴가 나타나고 [완료] 또는 [취소]작업을 한다. [붙여넣기 완료]를 한 후 가장 최근 [붙여넣기 완료]작업한 경우에 한해서만, [실행취소]를 할 수 있다.

3 | 이미지 잘라내기/오려내기

"자르기"메뉴는 마우스로 지정한 박스 영역에 대해서 그대로 가위질 하는 것이며, "오려내기"메뉴는 지정한 박스의 안쪽에 있는 흰색이 아닌 부분까지 트리밍작업을 해준다.

"PDF편집"창에서 자르기/오려내기할 영역으로 마우스를 이동시키고 왼쪽버튼을 누른 상태에서 마우스를 이동하여 붉은색의 박스 영역을 보고 왼쪽버튼을 놓으면 자동으로 자르기/오려내기된 후 작업창이 나타난다.

▲ 자르기 예시　　　　▲ 오려내기 예시

저장 버튼을 누르면, 현재 "탐색기"창에 선택된 폴더로 저장되고 자동으로 파일명이 부여한다. "파일보기"창에서 저장된 파일을 선택하면, "미리보기"창에 저장된 이미지가 나타나고 QR코드와 연결정보까지도 작업을 할 수 있다.

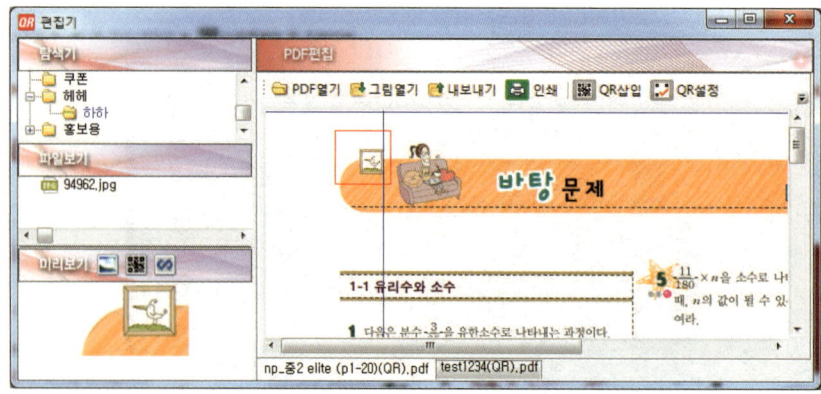

4 파일간 다중연결 설정하기

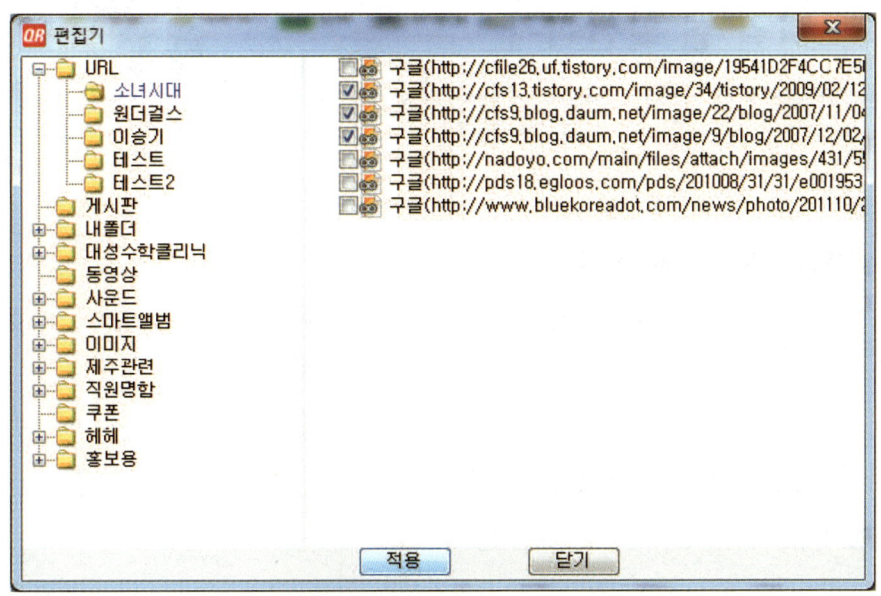

파일간 다중연결을 위한 작업순서를 알아본다. 먼저 "미리보기"창에 있는 링크메뉴를 선택한 후 "+"버튼을 누르면 여러 파일을 연결할 수 있게 내 QR하드의 작업 창이 나타난다. 다음으로 해당 파일을 선택한 후 [적용]하면, "미리보기"창에 연결된 파일이 나타난다. "미리보기"창에서 "QR"메뉴를 선택한 후 스마트 폰으로 QR코드를 스캔해보고 연결된 내용을 확인한다.

5 QR코드 문서의 후작업하기

(5) QR코드 문서의 후작업하기

다 수 의 QR코드 이미지에 대해서 수정을 해야하는 경우에는 파일명(QR).확장자"파일을 Acrobat Pro 에서 열고 "도구>고급편집>TouchUp 개체도구"를 사용하여 수정이 가능하다.

4. 스마트 모바일 웹 확산하기

1 | 통합마케팅을 이용한 모바일웹 확산

TV, 라디오, 신문 등 전통적인 마케팅 도구와 페이스북, 트위터 등 온라인 마케팅 도구와 함께 모바일 캠페인을 통합하여 진행할 수 있다.

2 | 온라인 언론과 파워블로거를 이용한 모바일웹 확산

온라인 언론에 모바일웹의 기능과 그것이 사용자에게 주는 혜택을 알려 이슈화 할 수 있다.

모바일 생태 시스템에서 항상 새로운 사례를 찾는 작가나 블로거들은 새로운 모바일웹을 찾아 널리 확산시켜 줄 수 있다. 모바일웹 이벤트 페이지를 블로그 또는 카페에 스크랩 하기 이벤트를 진행할 수 있다.

3 | 접속이벤트를 이용한 모바일웹 확산

각각의 구체적인 "접속 이벤트"는 고객에게 자신의 휴대 전화에서 작동하는 모바일 웹을 알리고 생각나게 하는 기회이다. 고객이 모바일 프로모션에 대해 참여할 수 있도록 쉽고 매력적이어야 한다. 모바일 쿠폰은 제품 구매를 시도하거나 오프라인 매장을 방문하는 고객에게 권장하는 쉬운 방법이다.

4 | QR코드를 이용한 모바일웹 확산

QR코드를 통해 모바일웹으로 접속을 유도할 수 있다. 그리고 모바일 캠페인을 간판, 포스터, 배너, 전단지, 브로셔 등 물리적인 매체를 활용하여 모바일웹의 확산을 진행할 수 있다.

QR 코드는 온라인 및 오프라인 미디어 간의 다리 역할을 한다. QR 코드는 잡지, 포스터, 브로셔, 라벨, 병 등에서 볼 수 있다. 모바일 웹 주소를 가능한 상품, 제품 및 마케팅 자료에 QR 코드로 붙여서 홍보할 수 있다.

5 | 모바일 검색엔진을 이용한 모바일웹 확산

google.mobi, yahoo.mobi, msn.mobi, aol.mobi, m.ask.com 등 모바일 검색엔진에 모바일웹의 상세 내용을 등록한다. 아울러 해당 모바일 디렉토리에 모바일 웹사이트를 등록한다.

6 | 웹사이트를 이용한 모바일웹 확산

현재 운영하고 있는 웹사이트에 잘 인식할 수 있는 곳에 모바일웹을 배너로 광고하라. 모바일웹에서는 PC버전으로 웹사이트 보기 기능을 제공하여 상호 보완과 상호 시너지가 날 수 있도록 트래픽을 유도한다.

7 | 소셜미디어를 이용한 모바일웹 확산

소셜 미디어를 이용한 모바일 웹사이트로의 로그인을 허용한다. 예를 들면 고객이 자신의 페이스북 계정을 사용하여 로그인하실 수 있도록 한다. 그것이 쉽게 고객들이 귀하의 브랜드와 상호 작용 할 수 있다. 또한 사용자가 쉽게 모바일 웹사이트 기능을 공유하도록 만들어 놓는다.

8 | 이메일 마케팅을 이용한 모바일웹 확산

만약 고객 이메일 데이터베이스가 있다면 즉시적으로 참여할 수 있도록 격려할 수 있는 쿠폰과 함께 모바일웹의 주소를 알도록 보낼 수 있다.

5. 스마트 모바일 웹 고급 활용

5.1 클라우드 프리젠테이션 활용하기

1 | 바다유(badaU) 플레이어 설치하기

"바다유 플레이어"어플은 그림과 같이 원격 스마트기기에서도 영상을 디스플레이 해주는 리모콘 기능이 있다.

우선 수신할 스마트폰이나 스마트기기에 "바다유 플레이어" 앱을 어플 안드로이드 마켓/스토어에서 검색하고 다운로드 설치한 후 실행하면, 아래 오른쪽 그림과 같이 고유번호가 화면에 표시된다. 다른 스마트폰에서는 "바다유" 앱을 실행하여 아래 왼쪽 그림과 같이 채널메뉴에서 채널등록 텍스트박스에 설치된 "바다유 플레이어" 앱의 고유번호를 등록(+)하고 왼쪽의 체크박스를 선택한다.

리모콘메뉴를 누르고 콘텐츠를 클릭하면 체크된 수신채널의 "바다유 플레이어" 앱에서 영상이 화면에 표시되는 것을 확인할 수 있다.

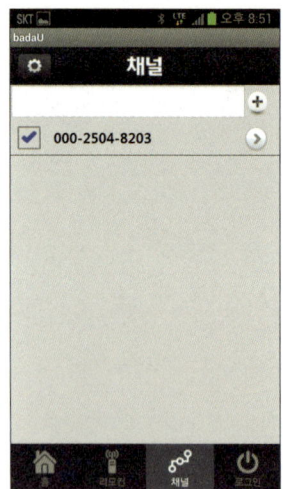 

2 | 바다유 앱을 이용한 클라우드 프리젠테이션 활용하기

아래 왼쪽 그림과 같이 "바다유" 앱의 리모콘 모드 상태에서 업로드된 파일을 클릭하면, 아래 오른쪽 그림과 같이 "바다유 플레이어"에서 플레이되는 것을 확인할 수 있다. 파워포인트, PDF 등 각종문서, 이미지, 음원 및 동영상까지 원격으로 클라우드 프리젠테이션 기능을 지원하고 있다.

아래의 그림은 클라우드 프리젠테이션 기능을 활용하여 실전에서 선생님이 학생들에게 손쉽게 교육보충자료를 시간과 장소에 상관없이 사용한 예이다.

5.2 스마트 모바일 웹 고급 활용하기

1 | HTML로 텍스트 문서 스타일 설정하기

바다유에 업로드된 "파일명.TXT"인 경우 해당 텍스트 파일을 클릭한 후 "HTML"태그를 위와 같이 삽입하면 오른쪽과 같이 다양한 시각 및 강조효과를 줄 수 있다.

```
<div style="font-size:13px;color:#333;line-
height:16px;"><p style="font-
size:13px;color:#666;line-height:16px;">신비한 공룡의
세계로 멋진 여행, 수억만년전 공룡 시대의 한복판으로 여
러분을 초대합니다.</p><br><p style="font-
size:15px;font-weight:bold;">수억만년전 공룡들이 가득
한 그곳!!</p><br><p style="font-size:18px;font-
weight:bold;"><span style="color:#093;">제주
</span><span style="color:#F60;">공룡랜드
</span></p><br><p style="font-
size:13px;color:#333;line-height:16px;">저희 제주공룡
랜드는 90,000㎡ 부지에 총사업지 300억원을 들여 한,
중,일 합작으로 인류 탄생보다 훨씬 오래전 생명인 공룡을
테마로 하는 ...
```

▲ "파일명.txt"

신비한 공룡의 세계로 멋진 여행, 수억만년전 공룡 시대의 한복판으로 여러분을 초대합니다.

수억만년전 공룡들이 가득한 그곳!!

제주공룡랜드

저희 제주공룡랜드는 90,000㎡ 부지에 총사업지 300억원을 들여 한, 중,일 합작으로 인류 탄생보다 훨씬 오래전 생명인 공룡을 테마로 하는

▲ 모바일 웹 페이지 화면결과

2 | 모바일 서비스 On/Off 설정하기

아래 왼쪽 그림과 같이 파일/폴더를 선택한 후 상단의 모바일메뉴를 클릭하면, 모바일 서비스가 On/Off된다. 파일/폴더명 앞부분의 신호등 아이콘이 회색이면 모바일 서비스 Off상태가 되어 해당 파일/폴더의 서비스가 화면에서 사라지게 되고 하늘색이면 On상태이므로 웹브라우져에서 정상적 서비스된다.

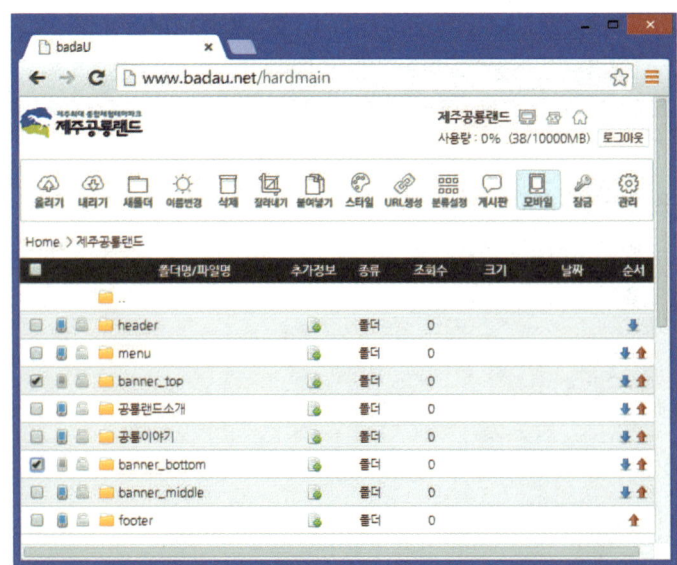

▲ 모바일 기능 설정

▲ 모바일 웹 페이지 화면결과

3 | 모바일 웹페이지 잠금 설정하기

아래 왼쪽 그림과 같이 파일을 선택한 후 상단의 잠금메뉴를 클릭하면, 해당 파일의 URL접근이 차단된다. 아래 오른쪽 그림에서 "애니메이션주제관"폴더를 클릭하면 표준 브라우져에서의 모든 파일접근이 차단되어 볼 수 없게 된다.

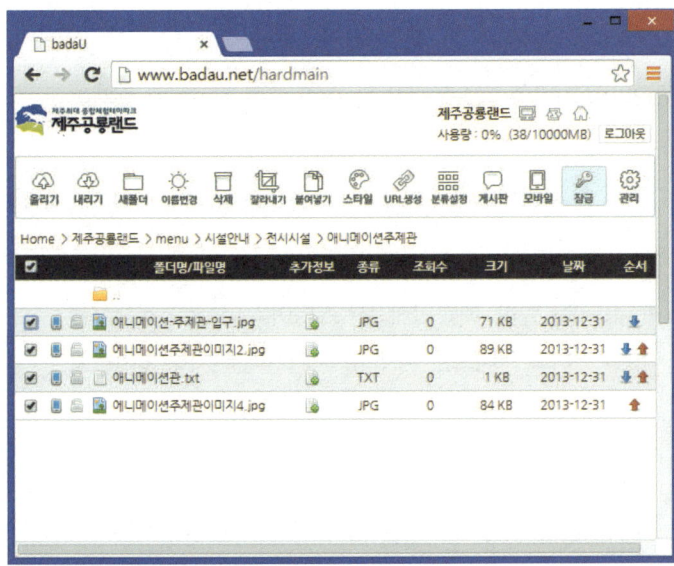

▲ 잠금 기능 설정

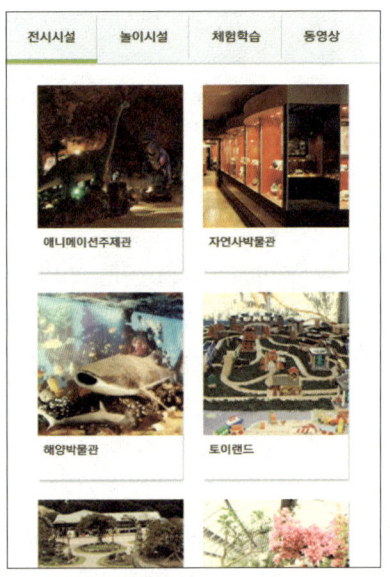

▲ 모바일 웹 페이지 화면결과

4 | 관리자 권한 메뉴

바다유 유료 사용자에 대해서 계정관리, 회원관리, 추가정보관리 및 분류관리 등의 관리메뉴가 추가로 지원된다.

- 계정관리-클라우드 웹하드로 접근가능한 별도의 계정을 발급하고 홈폴더와 용량 및 만료일 설정을 할 수 있다.
- 회원관리-모바일 웹페이지의 회원가입, 로그인 및 회원정보 등의 현황을 관리할 수 있다.
- 추가정보관리-파일/폴더/회원에 대해 추가적인 메타항목을 추가 등록할 수 있도록 해주고 검색기능이 지원된다.

> **참고. 용어 해설**

▶ "스마트폰(Smart Phone)"이란 고기능의 범용 운영체계(OS)를 탑재하여 다양한 모바일 앱, 모바일 웹을 자유롭게 설치·동작시킬 수 있는 고기능 휴대폰을 말함

▶ "모바일 웹(Web)"이란 스마트폰 등 모바일 기기에 디스플레이 할 수 있도록 최적화된 웹페이지를 말함

▶ "모바일 앱(App)"이란 스마트폰 등 모바일기기 운영체계(OS)에 최적화 되어 단독으로 실행될 수 있도록 개발된 애플리케이션(application)을 말함. 애플리케이션 스토어(Application Store)를 통해 필요한 모바일 앱을 구입·다운로드하고 스마트폰 등 모바일 기기에 설치하여 이용할 수 있음

▶ "하이브리드 앱(Hybrid App)"이란 모바일 앱의 기술과 모바일 웹의 기술을 동시에 적용하여 개발한 애플리케이션을 말함

▶ "애플리케이션 스토어(Application Store)"란 개발된 모바일 앱을 모아두고 자유롭게 사고 팔 수 있는 온라인장터(Marketplace)를 뜻하며, 통상 앱스토어(App Store)로 줄여서 통칭함

▶ "SNS(Social Network Service)"란 온라인 상으로 사람들 간의 인적 네트워크 형성을 지원하는 서비스를 총칭

참고문헌

클린UCC 제작 및 SNS활용법, 안종배·김명준·김덕석, 진한 M&B, 2011

스마트모바일 활용한 스마트목회소통법, 안종배 2012

스마트시대 콘텐츠마케팅론, 안종배, 박영사, 2012

2009 대한민국 클린콘텐츠 공익캠페인 UCC 공모전 수상작 책자(발행- (민)대한민국클린콘텐츠국민운동연합)

2010 대한민국 클린콘텐츠 공익캠페인 UCC 공모전 수상작 책자(발행- (민)대한민국클린콘텐츠국민운동연합)

바다유 앱 사용설명서(발행-스마트웨어)

바다유 사용법(발행-스마트웨어)

QR편집기 활용법(발행-스마트웨어)

SNS 백배즐기기, 최재용, 이강석 박사영, 오홍균, 매일경제신문사, 2010

움직이는 마케팅 페이스북, 이영호, 2011

SNS파워마케팅, 배성환 2011

모바일 애플리케이션 비즈니스 현황과 전망, 이양환, 한국콘텐츠진흥원, 2012

스마트폰의 등장과 모바일 시장의 변화, 유락 외 4명, 2009

Top 12 Ways to Promote Your Mobile Application, www.a2zinc.net

www.youtube.com

http://www.facebook.com/

http://twitter.com/

http://www.cleancontents.org/

http://k2unip.tistory.com/103

http://ustream.tv

https://play.google.com/store

http://itunes.apple.com/kr/genre/ios/id36

http://qr.naver.com/

http://www.pudding.to/camera

http://blog.naver.com/PostView.nhn?blogId=nsm_life&logNo=70144226180

http://blog.daum.net/_blog/tagArticleList.do?blogid=0V3Xh&tagName=%EC%97%A0%ED%94%8C%EB%9F%AC%ED%84%B0+%EC%95%8C%EB%A6%AC%EA%B8%B0#ajax_history_home

http://googler.pe.kr/wordpress/index.php/archives/4682

http://blog.naver.com/PostView.nhn?blogId=jiyeon7554&logNo=112566313

http://119.mobizen.com/blog/?p=2368

http://googler.pe.kr/wordpress/index.php/archives/1232

http://blog.naver.com/PostView.nhn?blogId=sungback&logNo=90121009584

http://blog.daum.net/_blog/BlogTypeView.do?blogid=0V3Xh&articleno=416&categoryId=58&regdt=20111109104536#ajax_history_home

http://eternallife.tistory.com/27

http://kimdirector.tistory.com/743

http://boskim.tistory.com/628

http://blog.naver.com/rybxvzxm258?Redirect=Log&logNo=120164958038

http://i-bada.blogspot.kr/2012/03/blog-post_1235.html#!/2012/03/blog-post_1235.html

http://www.mobizen.com/

http://www.ustream.tv/blog-kr/?p=14

책임 저자 소개

daniel@cleancontents.org

안 종 배 (安鍾培) 교수, 디지털마케팅 박사
스마트미디어 콘텐츠 & 마케팅 전공

주요 연구 영역
스마트컨버전스산업 정책, 미디어 미래학
스마트 콘텐츠, 스마트 마케팅, 스마트윤리

학 력
서울대 졸, 연세대 언론홍보대학원1기,
경기대 대학원, 미시건주립대 대학원 졸업, UCLA 디지털미디어콘텐츠 Post 과정 수료

현 직
한세대 미디어영상학부 교수
(사)유비쿼터스미디어콘텐츠연합 대표
(민)클린콘텐츠국민운동본부 대표/스마트미디어교육진흥원 원장
국회 스마트컨버전스 연구회 운영위원장
흥사단 투명사회운동본부 윤리연구센터장
국제미래학회 학술위원장(미래미디어 위원장)
한국방송학회 모바일연구회 회장
한국정보통신윤리지도자협회 회장

포 상
2013 대한민국 인물 대상 (한국언론인총연대, 미주한인언론인연합회)
2013 대한민국학술원 우수학술 저술상(스마트시대 콘텐츠마케팅론)
2011 대한민국 커뮤니케이션 대상 여성가족부장관상(클린콘텐츠 웹진 발행)
2011 정보문화 대상 행정안전부 장관상(클린콘텐츠국민운동본부 기관)

경력

언론중재위원회 중재위원

부패방지위원회/ 국가청렴위원회/ 국민권익위원회 자문위원

대한적십자사 자문위원

문화체육관광부 장관 정책자문위원

국회 정보통신과학위원회 정책자문위원

중소기업중앙회 벤처위원회 위원

주요 저서

스마트폰 마이스터 되기- 스마트폰 200% 활용법 (진한 M&B)

건강한 UCC 제작과 SNS 사용법 (진한 M&B)

미래가 보인다, 글로벌 미래 2030 (박영사)

스마트시대 콘텐츠 마케팅론: 2013 대한민국 학술원 우수도서 선정 (박영사)

스마트시대 방송통신 정책과 기술의 미래 (진한 M&A)

스마트시대 양방향방송광고 기획과 제작 (학현사)

나비효과 디지털마케팅/ 나비효과 블로오션 마케팅 (미래의 창)

국제미래학회 소개

국제미래학회는 세계적인 미래학자인 제롬글렌과 김영길 한동대 총장이 초대 공동회장을 맡고 국내외 전문영역별 미래학자 100여명이 함께 참여하여 2007년 10월 국내에 본부를 두고 설립된 국제적인 학회이다. 2011년부터는 제롬글렌과 이남식 계원예술대 총장이 공동회장을 맡고 있다.

국제미래학회는 '미래의 다변화 사회에 대응하기 위하여 사회 전반을 아우르는 과학-기술 정치-경제, 인문·사회-환경, ICT-미디어, 문화-예술 등 제 분야에 대한 미래예측 및 변화에 대한 연구를 수행함으로써 미래 사회를 대비하고 지속적인 성장과 발전에 기여함'을 목표로 삼고 있다.

국제미래학회는 제롬글렌, 티모시 맥, 짐 데이토, 호세 코르데이로, 피터 비숍, 조나단 트렌트 등 세계적인 미래학자 50여명이 함께 동참하고 있으며 이들을 국내에 초청하여 미래학과 미래 예측방법론의 확산을 위한 노력을 경주해 왔다. 또한 매년 10회에 걸쳐 국제미래학 학술 포럼을 개최하여 주요 영역별 미래 예측과 발전 전략을 발표해 왔다.

국제미래학회는 현재 학술위원회를 포함한 8개의 직무위원회와 50개의 전문영역별 연구위원회로 구성되어 있고 저명한 학자와 전문가 1,000여명이 함께 하고 있다. 학술위원회에서 '미래가 본다. 글로벌 미래 2030'(박영사), '전략적 미래예측 방법론 바이블' 등 미래 전문서적을 공동 집필하여 미래학과 미래예측방법론을 국내에 소개하고 있다.

국제미래학회는 매년 세계미래회의에 한국대표로 참여하여 전 세계 미래학자 2,000여명과 지속적인 지적 교류를 계속해오고 있다.

공동회장 : 이남식 계원예술대 총장, 제롬글렌 세계미래의회 의장

연락처 : 안종배 학술위원장 (010-8223 7530, daniel@cleancontents.org
　　　　 이민영 대외협력위원장 (010-3655-0630, mylee063@naver.com)

국제미래학회 블로그 http://blog.naver.com/globalfuture

국회 스마트컨버전스 연구회 소개

1. 목적

2004년 발족되어 활발히 활동해온 디지털뉴미디어 국회포럼이 스마트시대에 맞게 국회 스마트 컨버전스 연구회로 변경되어 여·야 의원 20여분이 함께하는 국회연구회로 등록되었습니다. 21세기 핵심 성장동력이 될 스마트 미디어, 스마트 콘텐츠, 스마트 IT, 스마트 시티, 스마트 워커, 스마트 의료, 스마트 교육, 스마트 윤리 등 스마트 컨버전스 산업의 건강한 육성과 활성화를 통한 국가경쟁력 강화에 기여할 수 있도록 입법부, 업계, 협회 및 학회 차원의 정책과 법제 제언을 위한 연구활동을 하고 있습니다.

2. 연구회 활동 내용

1) 정기적 포럼 개최
2) 국내외 스마트 컨버전스 분야별 현황 및 관련 법제 연구
3) 스마트 컨버전스 산업 육성 정책 제언 세미나 개최 (수시)
4) 스마트 컨버전스 차기 정부 정책 제언
5) 스마트 컨버전스 윤리의식 제고 방안 및 정책 제언

3. 연구회 연구활동 영역

1) 스마트 컨버전스의 산업 파급효과
2) 스마트 컨버전스 산업별 전망 및 효율성 연구
3) 해외선진국 스마트 컨버전스 육성 정책 및 법제 연구
4) 스마트 컨버전스 산업 수익모델 연구
5) 스마트 컨버전스 지역별 클러스터 청사진 및 로드맵
6) 스마트 컨버전스 산업별 육성 정책 제언
8) 스마트 컨버전스 진흥 국가 기구 구성 및 기능 연구
9) 스마트 컨버전스 산업 경쟁력 강화를 위한 전문인력 양성 방안

10) 스마트 컨버전스 산업의 관계 법령 연구

11) 스마트 컨버전스시대 지식재산권 보호 및 관련 산업 육성 정책 연구

12) 스마트 컨버전스 산업의 건강한 육성 발전을 위한 윤리 의식 제고 및 정책 방안

4. 연구회 연락처

운영위원장 안종배 한세대 교수 daniel@cleancontents.org   010-8223 7530

사무국 : 심재철의원실 송재혁 비서관 02-784-4164   songjh1998@hanmail.net

대한민국
클린콘텐츠국민운동본부

www.cleancontents.org

설립취지

문화와 미디어 및 콘텐츠를 통해 아름다운 사회를 만들어가고자 한다. 이 분야 전문가들과 함께 노블레스 오블리제 정신으로 활동하는 비영리 민간단체이다. 클린콘텐츠 운동을 범 국민적인 차원에서 진행하여 스마트시대의 미디어를 통해 건전하고 유익한 클린콘텐츠가 제작되고 널리 이용되어 건전한 콘텐츠 문화가 형성되도록 다양한 노력을 모색한다. 또한 클린미디어교육과 클린 UCC 공모전, 국제 좋은 영화제, 클린콘서트, 세계문화축제 등 사회를 아름답게 소통시키고 소외계층을 배려하여 하나의 공동체를 만들어 가는 건강한 체험 활동을 전개해 나간다.

주요 활동내용

1) 장르별 추천 클린콘텐츠 선정 및 확산 캠페인 전개
   (영화, 드라마, 음악, 공연, 출판, 교양오락방송,
   애니메이션, 게임, 인터넷, 광고, UCC, 교육콘텐츠)
2) 클린콘텐츠 시범학교 지정 및 봉사단 지원, 클린콘텐츠
   활동 발표대회 개최
3) 범국민 대상 클린콘텐츠 캠페인 공모전 실시(UCC, 플래쉬)
4) '이 달의 클린콘텐츠 대상', '대한민국 클린콘텐츠 대상' 수여
5) 스마트 멀티미디어 전문가, 클린미디어 지도사 자격증 주관
6) '클린 UCC 제작 & SNS 사용법 교육' '클린 스마트
   모바일 활용법 교육'
7) 클린콘텐츠 국민운동 포털사이트 모바일 웹 운영
   (www.cleancontents.org)
8) 클린콘텐츠 인증제도 및 클린콘텐츠 지수 개발
9) 클린콘텐츠 운동 전 세계로 확산(UN과 해외본부 및
   해외제휴기관과 협력)
10) 웹진, 모바일 잡지 및 정기간행물 '클린콘텐츠' 발행

주요연혁

'08.11.	대한민국 클린콘텐츠국민운동본부 발대
'08.11.	UN밀레니엄 프로젝트(회장 제롬글렌)과 클린콘텐츠 운동협약
'09.05.	아름다운 사이버세상만들기 한마당 발대 동참 및 협약
'09.07.	2009 클린콘텐츠 공익캠페인 UCC 공모전
'09.08.	인천도시축전 세계걸스카웃대회 클린콘텐츠 홍보 부스
'09.10.	클린콘텐츠 실현을 위한 드라마산업의 역할 세미나 개최
'10.11/'11.10.	상록 다문화 국제단편영화제 공동주최 및 협력
'10.06.	웹진과 SNS를 활용한 인터넷 클린콘텐츠 국민운동 온라인 캠페인
'10.06.	2010 클린콘텐츠 공익캠페인 UCC 공모전 개최
'11.05.	아름다운 스마트 세상 만들기 발족
'11.05.	서울형 사회적기업 문화교육분야 지정
'11.05.	초등학교 클린 UCC 공모전 개최
'11.06~12.	따뜻한 디지털 네트워크 지원 사업 실시
'11.06.	2011 정보문화 창달에 기여한 공로로 **행정안전부 장관 표장**
'11.11.	대한민국 커뮤니케이션 대상 **여성가족부 장관상 수상**
'11.05~12.	클린 UCC 제작과 건강한 SNS사용법 교육/클린콘텐츠 웹진 발간
'11.10~12.	클린UCC 공모 및 발표대회 개최(12월 5일 오후2시 국회도서관 대강당)
'12.02.	5당대표 클린SNS 선거운동 실천 협약식(2월22일 프레스 센터)
'12.03.	클린 나눔쇼핑몰 오픈(저렴한 회원할인가로 구매, 운영기관이 기부)
'12.04.	행안부 비영리 민간단체 우수 활동 지원기관 선정
'12.04.	클린콘텐츠 경기양평지역본부 발대식(4월20일)
'12.05~10.	2012 클린콘텐츠 캠페인 UCC 고모 및 발표대회 개최
'12.05.	부산 BCM '클린 스마트콘텐츠' Zone 운영 및 포럼 개최(10~12일 벡스코)
'12.05.	'클린 UCC 및 SNS 사용법', '클린 스마트모바일 활용법' 교육 실시
'12.06.	'이 달의 클린콘텐츠 대상', '대한민국 클린콘텐츠 대상' 수여
'13.05.	실버계층 스마트 미디어 교육 실시
'13.06.	행안부 비영리민간단체 우수활동 지원기관 선정
'13.09.	클린콘텐츠국민운동본부와 한국교원단체총연합회 상호협력 협약체결
'13.09.	스마트멀티미디어 전문가 민간자격증 등록
'13.10.	클린콘텐츠국민운동본부와 (사)한문화진흥협회 MOU 체결
'13.08~11.	2013 클린콘텐츠 캠페인 UCC 공모 및 발표대회

주요활동

▶ 클린콘텐츠국민운동연합 발대 및 협약식 ▶ 2009 클린콘텐츠 공익캠페인 UCC 공모전 ▶ 2010 클린콘텐츠 공익캠페인 UCC 공모전 ▶ 2011 클린콘텐츠 UCC 및 활동 발표대회 ▶ 2012 UCC공모전시상식 ▶ 클린SNS 선거운동 협약식

▶ 클린콘텐츠 홍보대사 위촉식 ▶ 클린 집지대상 수여 ▶ 세계미래회의 클린콘텐츠운동소개 ▶ 서울 대도초등학교 클린콘텐츠 교육 ▶ 서울 정원여중 시범학교 협약 ▶ 수원 창현고교 시범학교 협약

▶ 클린콘텐츠 제주지역본부 발대식 ▶ 클린콘텐츠 대전지역본부 발대식 ▶ 한국교원단체총연합회와 클린콘텐츠 협약 ▶ 2012 BCM 클린콘텐츠관 운영(부산 벡스코) ▶ 클린콘텐츠 경기 양평지역 발대식 ▶ 클린콘텐츠 웹진, 모바일 웹 발행

135-280 서울특별시 강남구 대치동 956-16 비전빌딩 3F Tel. 02-564-0845 Fax. 02-501-1719 cleancon@naver.com

대한민국
클린콘텐츠국민운동본부 위원

www.cleancontents.org

대한민국 클린콘텐츠국민운동본부 임원단

1) 의장 : 서영훈 신사회공동선운동 연합 상임대표, (전)대한적십자사 총재
2) 자문위원 : 이어령(전)문화관광부 장관,
   강지원 한국매니페스토 실천본부 상임공동대표,
   제롬글렌 세계미래의회 의장, 박원순 서울특별시 시장,
   윤은기 (전)중앙공무원 교육원 원장, 김영길 한동대 총장,
   이남식 계원예술대 총장, 송승환 PMC 대표이사,
   하일성 스카이엔터테인먼트 대표, 진용옥 한국방송통신학회 회장,
   김옥영(전)한국방송작가협회 이사장, 김하진 유비쿼터스미디어
   콘텐츠연합 총재, 신상일 (전)방송작가협회 이사장,
   노소영 나비 아트센터 관장, 장한성 한국 방송인회 이사장,
   이창의 (전)한국잡지협회 회장, 전용진 (전)한국잡지협회 회장,
   권혁조 3D 국제영화제 조직위원장, 김광옥 수원대 명예교수,
   변동현 한국방송 비평가협회 회장, 박석태 (전)언론중재위원,
   안중만 박영사 회장, 황선길 (전)한국애니메이션학회 회장,
   오현주 한국여성문화 예술연합회 회장,
   심재철 국회스마트컨버전스연구회 대표(국회의원),
   정병국 국회의원, 전하진 국회의원, 노웅래 국회의원,
   김재윤 국회의원, 신경민 국회의원, 박창식 국회의원,
   강은희 국회의원, 권은희 국회의원
3) 회장 : 최창섭 지역신문 발전위원회 위원장(서강대 명예교수)
4) 대표 : 안종배 유비쿼터스미디어콘텐츠연합 대표(한세대 교수)
5) 교육위원장 : 안동수 클린미디어교육진흥원 원장(전 KBS부사장)
6) 인증위원장 : 권경현 (전)교보문고 대표이사
7) 조직위원장 : 이윤배 흥사단 투명사회운동본부 대표(순천향대 교수)
8) 초등위원장 : 최화숙 서울대초등학교 교장
9) IT 위원장 : 이주연 포스코ICT 전무
10) 실감미디어 위원장 : 안치득 실감미디어산업협회 회장
11) 케이블미디어 위원장 : 박성덕 디지털케이블방송포럼 고문
12) 심의위원장 : 이현덕 (전)전자신문 논설주간
13) 상록단편영화제 위원장 : 이기원 영화감독 (상록단편영화제 조직위원장)
14) 광고위원장 : 김이환 방송광고균형발전 위원장
15) 대외협력위원장 : 박양우 중앙대 교수 (전)문화관광부 차관
16) 국제위원장 : 박영숙 (사)유엔미래포럼 대표
17) 캠페인위원장 : 문애란 웰콤 고문(알지오 대표)
18) 국민공모위원장 : 하동근 재능방송 대표이사
19) 대외홍보위원장 : 정미홍 더코칭그룹대표이사

20) 커뮤니케이션 위원장 : 강미은 숙명여대 교수
21) 애니메이션 위원장 : 이상원 한성대 예술대 학장
22) 문화정보위원장 : 전영표 상록문화정보연구소 이사장
23) 언론뉴스위원장 : 김경호 (전)한국기자협회 회장
24) 기독학술위원장 : 김승욱 기독교세계학술동역회 공동회장 (중앙대 교수)
25) 미래문화위원장 : 이민영 한국미래문화연구원 원장
26) 미래커뮤니티 위원장 : 안ను섭 한국코칭협회 부회장
27) 여성위원장 : 김효선 여성신문사 대표이사
28) 청소년교육위원장 : 배창욱 전국영상교과협의회 회장
29) 교육집행위원장 : 노경한 쌍용SIST 대표이사
30) 출판위원장 : 김갑용 진한M&B 대표이사
31) 사보콘텐츠위원장 : 김흥기 한국사보협회 회장
32) 잡지콘텐츠위원장 : 남기업 한국잡지협회 부장
33) 웹어워드위원장 : 유인호 웹어워드위원회 위원장
34) 환경콘텐츠위원장 : 이환 작가(환경부 홍보대사)
35) 만화콘텐츠위원장 : 김영권 한국교양만화가협회 회장
36) 사이트제작위원장 : 한신 더팬케익 대표이사
37) 인터넷위원장 : 김진수 인터넷전문가협회 회장
38) 사업위원장 : 김홍춘 동원F&B 부회장
39) 청년위원장 : 김화수 잡코리아 대표이사
40) 플래시콘텐츠위원장 : 김명하 네오레떼 대표이사
41) 공연예술위원장 : 민지영 지엔터테인먼트 대표
42) 콘텐츠 교육위원장 : 김성희 세계문화경영연구원 원장
43) 캐릭터위원장 : 김시범 안동대학교 교수
44) 놀이문화위원장 : 권장희 놀이미디어교육센터 소장
45) 공연기획위원장 : 이관준 올댓퍼포먼스 대표
46) 웹콘텐츠위원장 : 김광일 시소인터랙티브 대표이사
47) 스포츠콘텐츠위원장 : 양재훈 대한 BMX 부위원장
48) 방송위원장 : 이병헌 명지대 교수 (KBS 앵커)
49) 음악예술위원장 : 김수정 글로벌오페라단 단장
50) 인터넷뉴스위원장 : 민병호 데일리언 사장
51) 인터넷방송통신학술위원장 : 강정진 인터넷방송통신학회 회장 (동서울대 교수)
52) UCC솔루션위원장 : 김덕석 코드액트 대표이사
53) 온라인홍보위원장 : 김두환 퍼니온 대표이사
54) 기독문화위원장 : 김승태 예영커뮤니케이션 대표이사
55) 문학콘텐츠위원장 : 서경석 한양대학교 교수

56) 스피치위원장 : 성연미 봄온아카데미 원장
57) 영상위원장 : 손영국 씨네씬사인 대표감독
58) 디지털영상속기위원장 : 인문학 소리자바 회장
59) 디자인위원장 : 전은호 디자인그룹 코마 대표
60) 정보보호솔루션위원장 : 최종욱 마크애니 대표이사
61) 클린매직위원장 : 함현진 마술개장안대학 교수
62) 블로그위원장 : 명성은 한국블로그산업협회 회장
63) 콘서트위원장 : 박준원 서울기독음대 교수
64) 영상공모위원장 : 원성진 영화감독
65) 클린협력위원장 : 임혜경 해브케슬 대표
66) 봉사위원장 : 김지완 동원F&B 전무
67) 모바일솔루션위원장 : 채규국 스마트웨어 대표
68) 정무위원장 : 곽선영 아름다운교육신문 대표
69) 뮤지컬위원장 : 문경수 뮤지컬 창작터 하늘에 대표
70) 언론홍보위원장 : 박종선 비알컴 대표이사
71) 애니메이션창작위원장 : 송정율 애니메이션 감독
72) 문화상징콘텐츠위원장 : 김세원 카톨릭대 교수
73) 시문학위원장 : 유희봉 시인 (호서대 외래교수)
74) 언어문화위원장 : 김정희 단국대 교수
75) 클린영화심의위원장 : 김은주 영화감독
76) 출판문화위원장 : 정윤희 출판저널문화미디어 대표이사
77) 광고디자인위원장 : 최원수 대불대 예술대 교수
78) 클린유시티위원장 : 권창희 한세대 교수(한국유시티학회 회장)
79) 유비쿼터스위원장 : 정창덕 고려대 교수
80) 연예엔터테인먼트위원장 : 허은도 위드 시네마 대표
81) 인테리어 위원장 : 안성준 세명디자인 대표이사
82) 힐링뮤직 위원장 : 김태곤 박사 '송학사' 가수
83) 콘텐츠라이센싱 위원장 : 조태봉 문화콘텐츠라이센싱협회 회장
84) 지역문화 위원장 : 조영주 지역문화콘텐츠연구소 소장
85) 클린교육실행 위원장 : 김명준 엠제이닷컴 대표
86) 클린 SNS위원장 : 이갈성 블랜 대표
87) 디지털 영상 솔루션 위원장 : 임성락 에디션큐 대표이사
88) 세계음악 위원장 : 김희선 국민대 음대 교수
89) 클리유머 위원장 : 김진배 유머센터 원장
90) 클린도서 위원장 : 백민철 북소리페어 대표
91) 사무총장 : 심현수 스마트윙 대표이사
92) 사무국장 : 김정욱 클린콘텐츠국민운동본부

클린콘텐츠국민운동 국내 지역본부

1) 부산지역본부 대표 : 구종상 BCM 집행위원장 (동서대 교수)
2) 제주지역본부 대표 : 박호래 한국레포츠제주연맹 회장 (탐라대 명예교수)
3) 대전지역운본부 대표 : 배재대 한류문화산업대학원장 (전)대전문화산업진흥원 원장
4) 전주지역본부 대표 : 박광진 전주 정보영상진흥원 원장
5) 대구지역본부 대표 : 이상규 경북대 교수
6) 경기양평지역본부 대표 : 엘렌킴 & 머피 관장 (엘렌킴 머피 갤러리)

클린콘텐츠국민운동 해외 제휴 기관 및 해외 본부

1) UN Millenium Project (회장 Jerome C. Glenn) : 글로벌 클린콘텐츠 운동 확산 협력
2) c3- Center for Conscious Creativity (대표 Kate McCallum) : 미서부지역본부
3) Movieguide (대표 Ted Baehr) : World Best Good Movie Award 공동 협력
4) World Future Society Venezuela (대표 : Jose Cordeiro) : 베네주엘라 본부
5) Ethical Market Media (대표 Rosa Alegria) : 브라질 본부

클린콘텐츠국민운동 홍보대사

1) 윤제균 영화감독 2) 허진호 영화감독 3) 독고영재 영화배우 4) 이세창 탤런트
5) 이윤미 탤런트 6) 주영훈 작곡가 7) 박상민 가수 8) 손범수 아나운서
9) 진양혜 아나운서 10) 조은주 미스월드 유니버시티 진 11) 하트래빗걸스 가수
12) 문사랑 아역배우 13) 캐릭터 홍보대사 '개비' 10) 캐릭터 홍보대사 '뽀로로'

*모든 번호는 무순입니다